Wild und zart

Roland Jöhri

Wild

u n d z a r t

Traditionelle und neue Wildrezepte vom Meisterkoch

Mit einem Vorwort von Frédy Girardet

AT Verlag

Inhalt

Vorwort *7*

Das Lächeln von Wirtin Brigitte *8*

Wildbret: Leckerbissen und Arznei *11*

Vorspeisen *21*

Suppen *57*

Hauptgerichte *68*

Beilagen und Gemüse *113*

Saucen und Eingemachtes *121*

Grundrezepte *131*

Desserts *134*

Teige, Cremen, Hilfsmittel *157*

Rezeptverzeichnis *164*

Meinen lieben Eltern in Dankbarkeit gewidmet.

Die Rezepte sind, sofern nicht anders vermerkt,
für 4 Personen berechnet.

La saison de la chasse est pour le cuisinier une période extraordinaire. Il peut travailler des produits inhabituels et inédits allant du gros gibier à poil, aux petits ortolans si rares et si délicats dont se régalaient nos ancêtres. Hélas, nous ne pouvons plus, aujourd'hui, compter sur les produits que nous apportent les chasseurs et le gibier a bien diminué de qualité. Les méthodes modernes de conservation bien que perfectionnées, ne donnent pas satisfaction si l'on veut être respectueux des traditions.

Cuisiniers et rôtisseurs ont de tout temps rivalisé d'ingéniosité pour créer des recettes, des plats qui peuvent satisfaire les plus robustes appétits ainsi que les plus fins palais. Pour réaliser ce livre, Monsieur Roland Jöhri a réuni toutes ses expériences relatives à la chasse. Il a recherché des recettes traditionnelles et d'autres plus originales découlant de sa merveilleuse collection de livres de cuisine et, de par son pays natal les Grisons, il est favorisé un peu plus que nous pour la variété et la qualité des produits de la cynégétique.

Toutes ces recettes soigneusement élaborées et précises dans leur rédaction peuvent être préparées chez soi et sont à la portée des gens qui aiment cuisiner.

Le plaisir de préfacer ce livre est encore plus grand lorsque je constate qu'il est écrit par un jeune restaurateur qui a compris l'originalité et la diversité des cuisines régionales. Ce livre est utile et sera apprécié de tous.

Die Jagdsaison ist für den Koch eine ganz besondere Zeit. Sie bietet ihm Gelegenheit, neue, nicht alltägliche Produkte zu verarbeiten, vom grossen Haarwild bis zu den raren, delikaten kleinen Ammern, die sich schon unsere Vorfahren schmecken liessen. Leider können wir uns heute nicht mehr auf das verlassen, was uns die Jäger bringen; und auch die Qualität des Wildbrets ist nicht mehr dieselbe wie einst. Die modernen Konservierungsmethoden, so perfekt sie auch sein mögen, befriedigen nicht, wenn man die Tradition wahren möchte.

Schon immer wetteiferten die Köche miteinander, einfallsreiche Gerichte sowohl für den grössten Appetit wie auch für den verwöhntesten Gaumen zu kreieren. Im vorliegenden Buch fasst Roland Jöhri seine grosse Erfahrung mit dem Wildbret und seiner Zubereitung zusammen. Er präsentiert nicht nur traditionelle Rezepte, sondern auch ungewöhnlichere, die auf seine grossartige Sammlung alter Kochbücher zurückgehen. Durch seine Herkunft aus dem Bündnerland geniesst er vielleicht etwas mehr als mancher andere die Vorzüge grösserer Vielfalt und höherer Qualität der Produkte des Weidwerks.

Ein besonderes Vergnügen ist es mir, das Vorwort zu diesem Buch beizusteuern, da ich sehe, dass hier ein Küchenchef der jungen Garde mit einem Verständnis für die Ursprünglichkeit und die Vielfalt der regionalen Küchen am Werk ist.

Die Rezepte in diesem Buch sind sorgfältig erarbeitet und detailliert beschrieben, so dass sie von allen, die gerne kochen, gut zu Hause nachvollzogen werden können. Es ist ein Buch von grossem praktischem Nutzen, das seine Wertschätzung gewiss finden wird.

Frédy Girardet

Das Lächeln von Wirtin Brigitte

von Wolfram Siebeck

Als ich vor vielen Jahren mit meinen Eltern zum ersten Mal durch die Berge fuhr, sagte ich enttäuscht: «Is ja alles kaputt hier oben.» Vor einigen Wochen, ich war mal wieder an der Baumgrenze, hörte ich ähnliche Reaktionen. Sie kamen aber nicht von hellsichtigen Kindern, sondern von verzweifelten Wirten. Die Saison ist schlecht, sagen sie. Wo sind die Gäste von früher?

Nur in «Jöhri's Talvò» wird nicht geseufzt. Es ist das einzige Biwak, dessen Wirte keine Tränen vergiessen. Es handelt sich um ein urgemütliches Restaurant im eleganten Rustikalstil des Engadin nicht weit von St. Moritz, in Champfèr, leicht zu erkennen am Arvenholz der Wände und an den Riedelgläsern auf den Tischen. Ein weiteres Kennzeichen sind die glücklichen Gäste.

Die Jöhris sind ein begnadetes Wirtepaar, die auch in Sibirien ein Gourmetrestaurant zum Erfolg führen würden. Er, Roland Jöhri, kocht mit heiterer Leichtigkeit die delikatesten Dinge, und sie, Brigitte, hält durch ihr Lächeln jeden Depressiven davon ab, sich umzubringen. Ich spreche aus Erfahrung. Der Anblick der verkabelten Berge stimmt mich nicht automatisch heiter, und was das Essen

Von links nach rechts: Plinio Testa, Roland Jöhri, Wolfgang Ponier und Aldo Pazeller.

Das sechzigplätzige Feinschmeckerrestaurant ist in einem herrschaftlichen Engadiner Haus von 1658 untergebracht. Ursprünglich diente es als Bauernhaus, worauf der Name «Talvò», rätoromanisch für «Heuboden», noch hindeutet.

angeht, so bin ich ein verwöhntes Muttersöhnchen. Aber im «Talvò» der Jöhris kann man mich glücklich grunzen hören; dort fühle ich mich sauwohl.

Auch die Gräfin aus Uruguay kann sich dem Charme dieses Hauses nicht entziehen. Ihren Geburtstag muss sie in «Jöhri's Talvò» feiern. Also chartert sie eine Boeing, befiehlt den zwanzig Kindern und Enkeln pünktliches Erscheinen, und dann knallen die Korken.

Wenn sie doch nur bei uns feierte, jammert der eine oder andere. Tja, liebe Leute, da müsst ihr erst mal lächeln lernen, wie Brigitte lächelt, und kochen können, wie Roland kocht! Bis es soweit ist, wird es immer eine Zwei-Klassen-Gastronomie geben, nämlich die Klasse, die unter der Rezession leidet, und die andere, die Jöhri-Klasse.

Oben vom Berg hat man einen schönen Rundblick über St. Moritz hinweg bis nach Vendig, Saint-Tropez, Paris und Berlin. Und was sehe ich? Überall Klagen, überall Rezession. Doch dazwischen kleine Gipfel der Heiterkeit, Adressen, bei denen gefeiert und nicht gejammert wird. Dort werkeln die Jöhris aller Nationen. Was heisst werkeln? Sie schuften von morgens bis abends. Aber man merkt es ihnen nicht an. Weil sie lächeln und lieb zu ihren Gästen sind. Sie haben das Geheimnis entdeckt, mit dem sich auch schlechte Zeiten überstehen lassen. Es heisst Leistung und Qualität.

Wildbret: Leckerbissen und Arznei

Kulturgeschichtliche Bemerkungen über Jäger, Jagd und Gejagte

von Karl Lüönd

Immer mehr Menschen sind bereit, weniger und dafür besseres Fleisch zu essen. Sie achten auf die Herkunft, bestehen auf tiergerechter Haltung und fordern Natürlichkeit. Wildbret ist das natürlichste Fleisch, das man sich denken kann. Was gibt es Frischeres und Gesünderes als ein Reh, einen Hirsch oder einen Hasen aus einheimischer Jagd?

Zwar nimmt Wildbret in der modernen Fleischversorgung statistisch keinen auffallenden Platz ein. Aber es ist eine willkommene Abwechslung – nicht nur in der herbstlichen Zeit. Gut informierte Küchenmeister und Gourmets bevorzugen das zarte Fleisch des jungen Sommerbocks, das ab Mai zu haben ist.

Die Verwertungskette ist denkbar einfach. Jeder Jäger und jeder Jagdpächter hierzulande hat seine treuen Direktabnehmer. Was nicht für die eigene Familie beiseite gelegt wird, kaufen Metzger und Gastwirte. Unter den Jägern gibt es nicht wenige Köche, die mit der Ausübung ihrer Passion zugleich einen letzten Rest von Selbstversorgung in die Neuzeit hinübergerettet haben. Einer, der zwar nicht selber jagt, aber mitten in einer der jagdlichen Hochburgen Europas, dem Kanton Graubünden, wirkt und als vortrefflicher Vertreter der Kochzunft eine enge Beziehung zu Weidmännern und Weidwerk hat, ist Roland Jöhri, der Autor dieses Buches.

Warum jagt der Mensch?

Für den Homo Heidelbergensis war dies keine Frage. Er lebte 500000 Jahre vor unserer Zeitrechnung und hatte keine andere Wahl. Darauf deuten auch die mächtigen Unterkiefer hin, die – wie übrigens auch beim späteren Neandertaler – auf eine stark entwickelte Kaumuskulatur schliessen lassen. Daraus kann man folgern, dass sich die Urmenschen mit zähem Fleisch abgeben mussten, etwa demjenigen des Höhlenbären, der als erstes gejagtes Tier in unseren Breitengraden verbürgt ist. Er wurde in sorgsam getarnten Gruben gefangen, mit Keulen und im Feuer gehärteten Holzspiessen getötet. Mit geschärften Steinen trennten die ersten Menschen das Fell vom Fleisch, dann brieten sie die Keulen über dem offenen Feuer, salzlos, aber vermutlich unter Zuhilfenahme von Gewürzkräutern.

Mit der zunehmenden Verbäuerlichung des Lebens trat die Jagd als Grundlage der Nahrungsversorgung in den Hintergrund. Im älteren Neolithikum hatten die Wildtiere, wie Auswertungen der Funde von Egolzwil verraten, noch etwa 85 Prozent der Fleischversorgung ausgemacht. Aber schon in der Bronzezeit kehrte sich das Verhältnis zugunsten der Weidetiere um. Im Mittelalter erreichte bei keiner der archäologisch ausgewerteten Burgsiedlungen der Wildbretanteil mehr als fünf Prozent.

«Eine ehrliche und zulässige Sache»

Früh vollzog sich also der Übergang von der Fleischjagd zur Sportjagd. Dem Ansehen, welches das Weidwerk schon zu früheren Zeiten genoss, tat dies keinen Abbruch. Was der Winterthurer Chronist Caspar Strauss um 1790 notierte, galt durch all die Jahrhunderte: «Die Jagd ist eine ehrliche und zulässige Sache, ja eine königliche uebung zu lihbs und gemüths ergötzlichkeit. In dem Schweitzerland ist die freyheit zu jagen fast allgemein, indeme fast jede stadt entweder eigene bezirk oder aber von der hohen obrigkeit darzu bestimmte und erlaubte orth zu geniessen hat.»

Bedeutung und Wertschätzung des Weidwerks gehen auch aus der ausserordentlichen Regelungsdichte hervor, welcher die Jagd zu allen Zeiten, im frühdemokratischen Alpenstaat wie unter der Feudalherrschaft, unterworfen war. Jagdregeln und Schonzeiten, Revier- und Grenzrechte, Folgerecht und Jagdgebrauch waren in allen Epochen Gegenstand ausführlicher obrigkeitlicher Erlasse.

Graubünden zum Beispiel: Jagdregeln stehen in allen geschichtlichen Epochen mit zuvorderst auf der politischen Traktandenliste. In der Römerzeit war die Jagd noch frei und an den Grundbesitz gebunden; das Wild galt als «res nullius» (niemandes Eigentum). Nach der Unterstellung Churrätiens unter das Regime Karls des Grossen (um 800 n. Chr.) strömten verwaltungsrechtliche und wirtschaftliche Organisationsformen aus dem Norden ein. Der unbebaute Boden und die Wälder, die der König oder seine Vasallen als eigene Jagdgründe beanspruchten, wurden mit einem Bann belegt. Mittelalterliche Urkunden zeigen aber, dass die neuen Herren ihr Jagdrecht nie richtig durchsetzen konnten oder wollten. Die Jagdhoheit ging vielenorts auf die Gemeinschaft der Anwohner über und wurde zu einem Sondergut der bäuerlichen Markgenossenschaften oder Allmenden. Hier liegen die Wurzeln der Volks- oder Patentjagd, die in Graubünden und in den anderen schweizerischen Gebirgskantonen sowie in der Westschweiz und im Tessin heute noch geltendes Jagdsystem ist.

Betrachten wir Zürich als Kontrast dazu: Hier wie an vielen anderen Orten war die Stadt Inhaberin des Jagdregals. Im ausgehenden Mittelalter begann sie in der umliegenden Landschaft, wo sie über die Gerichtsbarkeit verfügte, die ländlichen Gerichtsherren gegenüber den jagdlustigen Stadtbürgern zu benachteiligen. Wirklich profitieren konnten davon freilich nur jene begüterten Bürger, die einen junkerlichen Lebensstil pflegten, sowie jene Mitglieder des Rates und Amtspersonen, die über die Forste zu gebieten hatten. Die meisten Zürcher Jäger kamen aus den gehobenen Kreisen, etwa aus der Gesellschaft der Herren zur Constaffel, die den Jagdrüden im Wappen führt.

Verbotener Wildbret-Export

Wie begehrt das Wildbret im Spätmittelalter war, geht aus zahlreichen Erlassen hervor. In den zürcherischen Untertanenländern musste alles Wildbret in die Stadt geliefert werden; der Handel mit Vögeln, Hühnern und Eiern war verboten. In den Ratsbüchern des 15. Jahrhunderts sind zahlreiche Bussen gegen unbotmässige Schwarzhändler verzeichnet. Wildbret war kostbar. 1478 war eine frische Wacholderdrossel zwei Schillinge wert, was dem halben Tageslohn eines Zimmermanns entsprach. 1559 war eine einzige Sumpfschnepfe gleichviel wert wie ein Huhn. Ein Hase galt gleichviel wie sieben Pfund Rindfleisch.

Lückenlose Verwertungskette

Wild und Geflügel gab es im Überfluss; niemand dachte an nachhaltige Bejagung oder gar an Bestandespflege. Der spätmittelalterliche Mensch war gewöhnt, alles zu nutzen, was ein erlegtes Tier hergab. Was nicht als Wildbret gegessen wurde, fand Verwendung als Arznei oder für praktische Zwecke im Haushalt. Der Jagdhistoriker Albert Lutz berichtet: «Die Weissgerber stellten aus den Hirschdecken Bank- und Sitzkissen her, Hosen, Hosengesässe, Handschuhe, Nestel und Taschen. Die Knochen wurden zu Pfeilen verarbeitet, und die Hirschzähne dienten als Amulette gegen Schlangen und Ungeziefer. Aus dem Hirschgeweih entstanden Pulverhörner, Pulverflaschen und die Handgriffe für Weidmesser und Degen. Reiche Leute hängten sie als Hutständer an die Wand, und die Ärzte begehrten Haut, Feiste, Horn, Lunge und Magen zur Herstellung von Heilmitteln.»

In der Grauzone zwischen überliefertem heilkundlichem Volkswissen und schierem Aberglauben gedieh über Jahrhunderte das Geschäft mit allen nur denkbaren Rückständen der toten Wildtiere. Das angeblich schwer verdauliche Hasenfleisch wurde Übergewichtigen zum Abnehmen empfohlen. Hasenhaar im Nasenloch wirkte gegen Nasenbluten. Die Hasenpfote diente als Tischbesen, wenn sie nicht als potenzförderndes Mittel eingesetzt wurde. Wolfslunge wurde gegen Keuchhusten gereicht, Wolfsleber in allen Fällen, in denen die Ärzte ratlos waren. Während das Fuchsfleisch, obwohl theoretisch geniessbar, wegen seines starken Aromas unbeliebt war, wurde aus der Asche des Fuchskopfs eine Salbe verfertigt, die den Haarwuchs fördern sollte. Wildkatzenfett linderte Gliederschmerzen. Wieselfell wurde zur Abwehr gegen giftige Bisse getragen. Das tranig schmecken de Fleisch des Bibers wurde gedörrt und an die Ärzte verkauft, die auch auf «Bibergeil» schworen, pulverisierte Biberhoden, denen man eine heilsame Wirkung nach Hirnschlägen, Erfrierungen und Vergiftungen nachsagte. Dachsblut wirkte gegen die Pest. Dachslebersuppe vertrieb stinkenden Atem. Dachsfett ist bis heute als Mittel gegen Erfrierungen und schmerzende Gelenke im Gebrauch. Ebenso wie auf das heute nicht mehr gebräuchliche Dachsfleisch schworen die alten Jäger auch auf Igelbraten, und die Igelhaut setzten sie, auf Stangen aufgesteckt, zur Vertreibung bissiger Hunde ein.

Vogelfreie Vögel

Bei der Lektüre zeitgenössischer Jagdchroniken zieht sich jedem heutigen Vogelschützer das Herz zusammen. Aber trotz der rücksichtslosen Jagd wurden die Bestände über drei Jahrhunderte hinweg kaum dezimiert und keine Arten ausgerottet. Auch im Lichte moderner Fauna-Studien erscheint dies nicht unglaubwürdig, denn fast nirgends werden die Bestände durch den Jagddruck allein beeinflusst. Massgebend ist vielmehr die Qualität der Biotope, die Natürlichkeit der Wälder, Waldränder und Feldgehölze sowie die Beeinflussung der wildlebenden Tiere durch Ackergifte aller Art.

Sogar die Blesshühner («Taucherli») wurden gejagt und verwertet. Ihr Fleisch war zwar wegen des penetranten Fischgeschmacks unbeliebt, doch wurden rohe Blesshuhn-Herzen den «Fallsüchtigen» (Epileptikern) gereicht. Als köstliche Vögel geschätzt wurden die Bekassine, ferner die Wasseramsel, der Eisvogel, der Wasserpieper, die weisse und die gelbe Wasserstelze und der Kiebitz. In Erhard Eschers Vogelbuch vom Ende des 17. Jahrhunderts heisst es, an den Orten rund um den Zürichsee habe kein Mangel geherrscht an Rebhühnern, Wachteln, Wacholderdrosseln, Amseln, Ringamseln, Singdrosseln, Goldamseln, Wein- oder Rotdrosseln sowie Lerchen, «so alle für kostlich gehalten wurden». Als «gemeine Speissvögel» nannte Escher Arten wie die Wasser- oder Teichhühner, die Spechtmeisen, Misteldrosseln, Rinderstaren, Schwarz- und Grünspechte, die Schildspechte, Mauerläufer, Eichelhäher, Kernbeisser, Gimpel, Buch-, Berg- und Grünfinken, Nusshäher, Spatzen, Wiesenschmätzer, Gold- und Schneeammern.

Auch Vogelfleisch diente als Heilmittel. Gegen Ruhr verschrieben die Ärzte eine mit Myrthenbeeren gebratene Amsel. Rebhuhn wurde zur Verdünnung des Blutes, zur Stärkung des Gedächtnisses und der Augen, zur Heilung von Gelbsucht, Epilepsie, Star und Taubheit sowie zur Erhöhung der Fruchtbarkeit verschrieben. Eingesalzenen Zaunkönigen wurde eine heilende Wirkung bei Nierensteinen zugeschrieben.

«Ein kostlicher schläck der Reychen»

Zu allen Zeiten und in allen feudalistisch geprägten Gesellschaften war Wildbret, vor allem die Leckerbissen der selten erlegten Hochwildarten, die Krönung vornehmer Tafeln. Wir halten uns erneut an das Beispiel von Zürich. An Festtagen wie Kirchweih, Fasnacht, Berchtoldstag oder Rechnungstag gab es in den Zunfthäusern ein Gelage mit Wildbret, das die Untertanen vom Land mit Komplimenten an die hohen Herren pflichtschuldigst abgeliefert hatten. Dass die Boten dafür reichlich belohnt und nicht selten tagelang bewirtet wurden, ist in den Rechnungen des Rates genau nachgewiesen. Nicht selten liessen auch prominente Gäste als Dank für genossene Gastfreundschaft einen Hirsch oder ein Wildschwein schicken.

Der Speisezettel war von einer Üppigkeit, die in einem auffallenden Gegensatz zum bescheidenen Lebensstil und Alltagstisch der Bürger und der Herren stand. Zur Feier seiner Wahl zum Zunftmeister der Zunft zum Weggen liess zum Beispiel Johann Jacob Irminger anno 1790 «grosse Mengen an Wein, Brot, Fisch, Würsten, Hausgeflügel, Forellen, Pasteten, Gemüse, Salat, Obst, Käse, Konfekt, Kaffee und Tabak nebst 90 Pfund Wildschweinfleisch» auffahren, ausserdem ein Reh aus dem Sihlwald, weitere 36 Pfund Rehfleisch und 17 Hasen. Das Gelage kostete 583 Gulden, ein Betrag, für den der bereits erwähnte Zimmermann zwei Jahre lang hätte arbeiten müssen. Wildbret krönte auch die bürgerliche Hochzeitstafel und war ein beliebtes Neujahrsgeschenk.

Ob geistlich oder weltlich, ob adelig oder bürgerlich: Wildbret war in allen europäischen Kulturepochen ein spezieller, nicht alltäglicher Genuss, der besonders lieben und wichtigen Gästen und Anlässen vorbehalten war und der mit entsprechender Sorgfalt bei Zubereitung und Verzehr gewürdigt wurde.

Die rote Arbeit

In der Tat erfordert Wildbret nicht nur vom Koch, sondern auch vom Jäger und von einem allfälligen Verarbeiter besondere Aufmerksamkeit. Liegt das «Stück» (weidmännisch für Tier) nach geglücktem Blattschuss auf der Strecke, folgt für den Jäger die «rote Arbeit», so genannt, weil seine Hände dabei mit «Schweiss» (Blut) in Berührung kommen, freilich, bei weidgerechter Handhabung nur an beiden Händen bis zu der Linie, welche die Knöchel auf dem Handrücken bilden. An

strengen deutschen Jägerprüfungen werden den Prüflingen bisweilen noch weisse Manschetten angelegt. Wenn diese nach getaner Arbeit noch makellos weiss sind, ist der Test bestanden.

Schalenwild muss möglichst unmittelbar nach dem Schuss «aufgebrochen» (ausgeweidet) oder zumindest gelüftet werden. Schon nach kurzer Zeit würden ansonsten die Körpergase das Wildbret ungeniessbar machen. Der Jäger schärft mit seinem Jagdmesser zunächst die Drossel auf (d.h., er bringt am Hals einen Längsschnitt an), worauf er den Schlund von der Drossel trennt und ersteren verknotet. Dann wird mit grösster Vorsicht die innere Bauchwand vom Keulenansatz bis zum Brustbein geöffnet, ohne das «Gescheide» (die Eingeweide) zu verletzen. Mit einem Kunstgriff, der lange geübt werden muss, wird der Schlund an der Stelle, an der er durch das Zwerchfell tritt, gepackt und in die Bauchhöhle gezogen. Es folgen das Ausräumen der Eingeweide sowie das Sichern von Herz (die Belohnung für den Jagdhund), Lebern und Nieren («das kleine Jägerrecht», eine Delikatesse, die immer dem Erleger gehört.) Dann lässt man das tote Tier gründlich «ausschweissen» (ausbluten).

Der Jäger verrichtet diese nicht für jedermanns Augen und Nerven bestimmte Arbeit mit Vorliebe abseits vielbegangener Wege. Im Lehrbuch heisst es, die Eingeweide seien zu verscharren. Dies ist heute nicht mehr nötig. Man lässt die Schlachtabfälle liegen und kann sich nach wenigen Stunden davon überzeugen, dass sie spurlos verschwunden sind. Der Fuchs lässt danken ...

Transportiert wird das tote Tier entweder auf Jägers Rücken oder auf dem Wildwagen; auf der Hochwildjagd und bei Schnee ist auch das sorgfältige und gekonnte Schleifen zulässig. Erfahrene Gebirgsjäger haben in dieser Kunst – man denke an die steilen Lawinenzüge – eine bewundernswerte Meisterschaft entwickelt.

Nur wenige Jäger verstehen sich heute noch auf die folgenden Arbeitsgänge, das «Aus-der-Decke-Schlagen» (bei Wildschweinen: «Abschwarten») und das Zerwirken des toten Tiers. «Weidwerk» gewinnt gerade angesichts dieser Verrichtungen seinen urtümlichen Sinn zurück.

Jagd ist im Verständnis weidgerechter Jäger weder Sport noch Hobby, sondern altes Handwerk und Kulturtechnik zugleich. Vor und nach dem Schuss fordert die Jagd Fertigkeiten und Leistungen von Körper, Geist und Sinnen, die im modernen Leben sonst kaum mehr geübt werden. Hier liegt für die meisten heutigen Jäger die eigentliche Faszination des Weidwerks: Dinge können zu müssen, die der Mensch früher zur Nahrungssicherung und damit zum Überleben gebraucht hat und die unwiederbringlich verlorengehen würden, wenn nicht immer neue Jägergenerationen sie bewahrten. Wer kann denn noch ein äsendes Reh gegen den Wind anpirschen? Wer vermag, wenn das beschossene Tier das Weite gesucht hat, anhand der Schuss- und Pirschzeichen (Spurenbilder) die Art und die Schwere der Verletzung zu beurteilen? Wer kennt sich in der Abrichtung und der Führung von Jagdhunden und in der sicheren Nachsuche aus?

Eine Idee – zwei Systeme

In den deutschsprachigen Ländern herrscht die Revierjagd vor. Beim Revierjagdsystem («Herrenjagd») verpachten politische Gemeinden oder (in Deutschland und Österreich) Gemeinschaften von Landbesitzern das Jagdrecht per Vertrag an einen oder mehrere Jagdpächter für eine bestimmte Periode (häufig acht Jahre). Die Pächter sind in dieser Zeit für die Einhaltung der Abschusspläne, für den Wildschutz, die Revierkontrolle, die Hegemassnahmen und für die Erledigung allfälliger Wildschäden verantwortlich.

In den Gebirgskantonen der Schweiz (ausser St. Gallen) sowie in der Westschweiz und im Tessin wird nach dem Patentsystem gejagt. Jeder Inhaber eines Jagdfähigkeitsausweises darf innerhalb einer beschränkten Zeit eine genau bestimmte Zahl von Tieren erlegen. Er entrichtet dafür der Jagdbehörde (d.h. dem jeweiligen Kanton als dem Inhaber des Jagdregals) eine erhebliche Patentgebühr, wobei die Einheimischen von Vorzugstarifen profitieren.

In beiden Systemen und in allen deutschsprachigen Ländern ist das Bestehen einer strengen Jägerprüfung die Voraussetzung für die Jagderlaubnis.

Lauer, Pirsch und Treibjagd

Die Jagdverfahren sind in beiden Systemen etwa die gleichen. Gejagt wird durch Pirsch, Ansitz oder durch verschiedene Formen der Gemeinschaftsjagd. Pirsch und Ansitz sind Einzeljagd-Verfahren; in der dicht besiedelten Kulturlandschaft dominieren sie, weil es gerade in stadtnahen und von Spaziergängern und Sportlern viel begangenen Wäldern fast nur noch beim Einnachten oder in der Morgendämmerung möglich ist, jagdbares Wild zu erlegen.

Vereinfacht kann man sagen, dass bei der Pirsch versucht wird, dem Wild zu folgen und es anzuschleichen. Beim Ansitz wartet man an einem für günstig eingeschätzten Ort («Wechsel»), vielfach aus Sicherheitsgründen auf einem Hochsitz, auf das Näherkommen («Austreten») des Wildes. Bei der herbstlichen Treibjagd durchstöbern Treiber mit Hunden die Jagdgründe und scheuchen das Wild auf, während sich die Jäger auf einer Schützenlinie anstellen. Gemäss strengem weidmännischem Brauch ist immer darauf zu achten, dass die Tiere eine faire Chance haben, d.h. dass mindestens ein Drittel der bejagten Fläche als Fluchtraum frei bleibt. Von besonderem Reiz ist die Baujagd auf Fuchs und Dachs mit geeigneten Hunden.

Jagdzeit ist jederzeit

Die Jäger, gleichgültig nach welchem System sie jagen, haben das ganze Jahr über in der Wildbahn zu tun. Sie unternehmen regelmässige Reviergänge, um den Jagdschutz auszuüben, Raubwild kurzzuhalten, Wilderei zu verhüten und, je nach Revierverhältnissen, in winterlichen Notzeiten das Wild zu füttern. Für jede jagdbare Wildart gibt es eine behördlich festgelegte Jagdzeit, welche den Schutz der Tiere während der Setz- und Aufzuchtzeit garantiert.

Es wäre falsch, anzunehmen, dass nur im Herbst, wenn die Speisekarten der Restaurants Wildspezialitäten anbieten, gejagt werde. In den Revieren beginnt die Jagd auf den Sommerbock bereits im Mai oder im Juni. Ab September werden auch schon weibliche Tiere zum Einzelabschuss mit der Kugel freigegeben. Ab Oktober finden dann die Gemeinschaftsjagden statt, die an den meisten Orten bis zum Jahresende durchgeführt werden dürfen. Die ersten Wochen des neuen Jahres gehören der Fuchsjagd.

Jagen – warum eigentlich?

Jagd als Nutzung eines natürlichen Kapitals wurde in früheren Zeiten, selbst als es den Zwang zur Nahrungsbeschaffung auf diesem Wege längst nicht mehr gab, als natürliche Beschäftigung betrachtet und als Selbstverständlichkeit im ländlichen Kultur- und Jahreskreis akzeptiert. Der Jäger war wohlgelitten und angesehen. In der Märchen- und Sagenwelt war er – man denke nur an die Geschichte vom Rotkäppchen – der starke, gute Mann, der die Dinge wieder in Ordnung brachte und die räuberischen Tiere erlegte.

Solch selbstverständliches Einvernehmen herrscht auch heute noch in ländlichen Gebieten und in den Bergregionen vor. Anders ist die Lage in den städtischen Agglomerationen. Hier tauchen vor dem Hintergrund der scharfen Nutzungskonkurrenz der enger werdenden Erholungslandschaft Konflikte und Wahrnehmungsprobleme auf. Jäger sind eine kleine Minderheit. Ihr Tun in Wald und Feld ist auf Anhieb wenig transparent und stark erklärungsbedürftig. Jäger verletzen ein Tabu, indem sie anderen Lebewesen den Tod zufügen. Der Mensch ist zwar durch die Wahrnehmung der Umweltprobleme sensibel geworden, was auch die Jäger als positiv empfinden. Aber die Sensibilisierung ist weiter fortgeschritten als die Verbreitung von fundiertem Wissen über das vernetzte Geschehen in der nicht mehr ganz so freien, sondern durch Zivilisation und Übernutzung strapazierten Wildbahn. Zu diesem Wissen gehört zum Beispiel die Einsicht, dass freilebende Wildbestände nicht nur wie Zinsen eines Kapitals nachhaltig genutzt werden sollen, sondern auch kontrolliert und bewirtschaftet werden müssen, um das Überleben möglichst vieler Arten zu sichern und Wildkrankheiten zu verhindern.

In diesem Sinn verstehen sich zeitgemässe Jäger bei aller regionalen und mentalitätsmässigen Verschiedenheit als Teil der Naturschutz-Bewegung. Sie suchen und finden, vor allem auf lokaler und regionaler Ebene, zusehends den Schulterschluss mit Natur-, Vogel- und Umweltschützern. In der Nutzungskonkurrenz mit dem Tourismus und den Bergbahnen, den Skipisten, den Mountain Bikern, Hängegleitern, Wanderern, Hundeliebhabern, Reitern, Spaziergängern, Orientierungsläufern usw. verstehen sie sich als Anwälte des freilebenden Wildes.

Dies klar und deutlich zu sagen ist gerade am Anfang eines Buches, das die genussreiche Seite der Jagd zum Gegenstand hat, nötig und wichtig.

Jägersprache

Den Jäger, ich verschweig' es nicht,
erkennst du daran, wie er spricht.
Du musst bemühen dich und regen,
um stets dein Sprachtalent zu pflegen.
Dann wird, was einstmals unverständlich,
auch dir begreiflich sein – und endlich
kommt dann der Tag, da's dir wird glücken,
dich weidgerecht stets auszudrücken.

Wenn Du des Morgens dich erhebst
und in die Vertikale strebst,
ein wenig traumverloren noch,
stehst du nicht auf, nein, du wirst hoch.

Und umgekehrt: Streckst du die Glieder,
legst du dich nicht. Du tust dich nieder.
Um dich in Reinlichkeit zu schulen,
wäschst du dich nicht. Du tust dich suhlen.
Willst du dein üppig Haupthaar pflegen,
kämmst du dich nicht. Du tust dich fegen.
Doch ist dir dieses keine Last,
wenn du schon abgeworfen *hast.*

Du selbst trägst deine stolze Bürde
als Platzhirsch *mit enormer Würde.*
Doch wird dein Stolz bald sehr gedämpft,
merkst du, dass du schon abgekämpft.
Zuerst, wenn es nicht schon entlaubt,
verfärbet *sich dein edles Haupt,*
worauf sich andre Zeichen zeigen:
Die Lichter *streiken dir beim* Äugen.

Dein Wechsel *ist nicht mehr zu ändern.*
Bei andern hapert's an den Ständern.
Man sieht dich oft zum Doktor wandeln,
der dir entnimmt die letzten Grandeln.
Die Lauscher *tun nichts mehr vernehmen.*
Dein Balzgesang *ist leicht zu zähmen,*
du fühlst dich weidwund *und verletzt –*
kurzum: Du hast zurückgesetzt.

Bist du vergrämt, *hilft dir kein* Klagen,
kein Angstgeschrei an solchen Tagen.
Drum lenkst du besser deinen Sinn
auf andre, schöne Dinge hin.
Zeigst bald, der Gattin sehr zum Leide,
nur Interesse fürs Gescheide:
Was es des mittags gibt zu kröpfen,
wohin man zieht, um gut zu schöpfen –
mit einem Wort: Man wird zumeist
am Haupte *schwach, im* Wildbret *feist.*

Ist es einmal soweit, begreif:
Auch du wirst einmal abschussreif.
Baum ab *und tu nicht lange* worgen.
Lass unsren grossen Jagdherrn sorgen,
dass es ihm weidgerecht mag glücken,
dich schnell und schmerzlos abzunicken.

Wenn so dein Schicksal sich gewendet
und du auf gute Art verendet,
streut man dir auf dein Leichentuch
als letzten Weidmannsgruss den Bruch.
Und nimmt es jemand ganz genau,
pflanzt Blumen er auf deinen Bau.

So wird Dir Seligkeit zuteil.
Euch Weidgenossen Weidmannsheil!

Vorspeisen

Roh mariniertes Hirschentrecôte

Das Hirschentrecôte mit Meersalz und Rohrzucker bestreuen und 20 Minuten ziehen lassen. Danach gut abspülen und trockentupfen. Das Hirschentrecôte in ganz dünne Scheiben schneiden (dazu zuvor eventuell leicht anfrieren lassen). Auf Tellern anrichten. Mit Salz und Pfeffer leicht würzen und mit dem Olivenöl bepinseln. Dann das Fleisch gut mit Relish bestreichen, oder dieses getrennt dazu reichen.

Für den Selleriesalat das Walnussöl erhitzen und die Selleriestreifen kurz darin andünsten, mit dem Limonensaft ablöschen und auskühlen lassen. Anschliessend die Mayonnaise und den Sauerrahm darunterrühren und den Salat mit Salz und Pfeffer abschmecken.

Nach Belieben mit Mango-Papaya-Chutney, fritierten Mangoldkörbchen und Radieschenscheiben ausgarnieren.

400 g Hirschentrecôte
100 g Meersalz
1 grosser EL Rohrzucker
Fleur de sel, Pfeffer aus der Mühle
6 EL Olivenöl zum Bestreichen
100 g Relish (Rezept unten)

Selleriesalat:
200 g Knollensellerie, geschält, in feine Streifen geschnitten
2 EL Walnussöl
2 EL Limonensaft
1 EL Mayonnaise
2 EL Sauerrahm
Fleur de sel, Pfeffer aus der Mühle

Relish – Scharfe Würzsauce

Alle festen Zutaten fein hacken, mit Senf, Ketchup, Öl und Tabascosauce verrühren und mit Salz und Paprikapulver abschmecken. Nach Belieben gehackte frische Kräuter hinzufügen.

Das Relish lässt sich gut einen Monat im Kühlschrank aufbewahren.

Tip: Es eignet sich ebenfalls sehr gut für Beefsteak Tatar sowie als Beigabe zu Fleischfondue.

Für 12 Personen (ca. 700 ml)

100 g Gewürzgurken
50 g Schalotten
50 g Kapern
50 g schwarze Oliven
2 Sardellenfilets
50 g Dijon-Senf
500 g Ketchup
100 ml Sonnenblumenöl
1 TL Tabascosauce
2 TL Salz
1 TL Paprikapulver

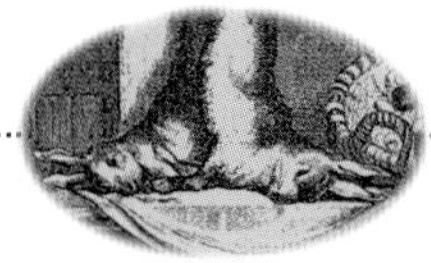

Exotischer Jägertraum

Das Hirschentrecôte mit Meersalz und Rohrzucker bestreuen und 20 Minuten ziehen lassen. Danach gut abspülen und trockentupfen. Das Hirschentrecôte in feine Scheiben schneiden, und diese auf einem Stück Klarsichtfolie vorsichtig dünn klopfen. Auf Teller anrichten und mit dem Relish bepinseln.

Das Hasenfilet in feine Scheiben schneiden und ebenfalls anrichten.

Die Taubenbrüste und -keulen mit Salz und Pfeffer würzen. Das Öl in einer Pfanne erhitzen und beides darin rosa braten. Aus der Pfanne nehmen. Die Brüste in Scheiben schneiden, die Keulen ganz lassen und beides auf die Teller legen.

Die Rehfiletstücke mit der Hoisinsauce bepinseln und salzen. Das Frühlingsrollenteigblatt vierteln, auf jedes in die Mitte ein Stück Rehfilet geben und mit einigen Sojasprossen belegen. Eng zu kleinen Frühlingsrollen aufrollen. Die Ränder mit Eiweiss bestreichen und zusammenpressen. Kurz vor dem Servieren etwa 2 Minuten im heissen Erdnussöl fritieren. Auf die Teller geben.

Für die Cumberlandsülzchen die Cumberlandsauce einmal aufkochen. Das Gelatineblatt in Wasser einweichen, dann gut ausdrücken und unter die Sauce rühren. Die Sauce in eine Kaffeetasse füllen und kalt stellen. Die Garnitur können Sie nach Belieben wählen und variieren.

150 g Hirschentrecôte
50 g Meersalz
½ EL Rohrzucker
1 EL Relish (Rezept Seite 22)
1 Wildhasenfilet, geräuchert oder rosa gebraten
je 4 Taubenbrüste und -keulen
Salz, Pfeffer
Erdnussöl zum Braten
1 Rehfilet, in vier Teile geschnitten
1 TL Hoisinsauce (chinesische Pflaumen-Sojasauce)
1 Blatt Frühlingsrollenteig
einige Sojasprossen
Eiweiss zum Bestreichen
Erdnussöl zum Fritieren

Cumberlandsülzchen:
⅛ l Cumberlandsauce (Rezept Seite 122)
½ Blatt Gelatine (1 g)

Pfifferlingsterrine

Die Pfifferlinge putzen. Das Öl in der Pfanne erhitzen und die Pfifferlinge darin kurz schwenken. In einem Sieb abtropfen lassen, den Saft dabei auffangen. Den Pilzsaft und den Fond aufkochen und um ein Drittel einreduzieren lassen. Die eingeweichte Gelatine darunterrühren und den Fond abschmecken.

Vier Kaffeetassen oder eine Terrinenform mit Klarsichtfolie auskleiden und mit dem Mangoldblatt auslegen. Die Pilze hineingeben und mit dem Fond bedecken. Das Mangoldblatt darüberschlagen und die Terrine kühl stellen.

Für vier Portionenförmchen oder eine Terrinenform von 300 ml

200 g eher kleine Pfifferlinge (Eierschwämmchen)
Erdnussöl zum Braten
200 ml Gemüse- oder Pilzfond
3 Blatt Gelatine (6 g), eingeweicht
1 Mangoldblatt, blanchiert
Salz, Pfeffer aus der Mühle

Exotischer Jägertraum aus mariniertem Hirschentrecôte, Wildhasenfilet mit Apfel-Rosinen-Chutney, Taubenbrust auf Selleriesalat, Taubenkeule auf Rettichspaghetti und Frühlingsrolle mit Rehfilet. Ausgarniert mit Pfifferlingsterrine, fritierten Selleriestreifen, rotem Ingwer, Cumberlandsülzchen und Orangenpfefferminze.

Lepus.
Ein Haß.
scheid der Hasen.

Gebratener Wildhasenrücken an Balsamicodressing mit Gerstensalat

Für den Gerstensalat die Rollgerste 12 Stunden einweichen, dann abgiessen und in reichlich frischem Wasser weich kochen (ca. 25–30 Minuten). Abgiessen und mit kaltem Wasser abschrecken. Die Gemüsestäbchen getrennt gar kochen.

Alle Zutaten für das Sherrydressing bis auf den Schnittlauch verrühren und die Gerste damit vermengen. Den Salat vor dem Servieren leicht erwärmen, die gekochten Gemüsestäbchen und den Schnittlauch unterheben und den Salat nochmals abschmecken.

Die Hasenfilets mit Salz und Pfeffer würzen. Das Öl in der Pfanne erhitzen und die Filets mit dem Rosmarinzweig darin 4–5 Minuten rosa braten. Aus der Pfanne nehmen, 2 Minuten ruhen lassen und dann in Scheiben schneiden. Alle Zutaten zum Balsamicodressing verrühren und die Filetscheiben damit beträufeln. Zusammen mit dem Gerstensalat auf Tellern anrichten und nach Belieben (z.B. mit Radieschenscheiben und blanchierten Lauchstreifen) garnieren.

Gerstensalat:
30 g Rollgerste
ca. 130 g Gemüse
(Zucchini, Karotten, Kohlrabi),
in Stäbchen geschnitten

Sherrydressing:
2 EL Sherryessig
2 EL Bouillon
1 EL Sherry
10 EL (70 ml) Sonnenblumenöl
Salz, Zucker, Pfeffer aus der Mühle
1 EL frisch geschnittener Schnittlauch

400 g Wildhasenfilets
Salz, Pfeffer aus der Mühle
Öl zum Braten
1 Zweig Rosmarin

Balsamicodressing:
3–4 EL Balsamicoessig
3–4 EL Bouillon
150 ml Olivenöl
Salz, Pfeffer aus der Mühle
Zucker

336
XII. Abschnitt.
Und zwar
Vom Fleisch überhaupt.

Bergeller Reh-Brotknödel-Carpaccio

Die Brotknödel, wie auf Seite 114 beschrieben, zubereiten. Auskühlen lassen.

Das Rehentrecôte mit Salz und Pfeffer würzen und mit Erdnussöl bepinseln. Eine Grillpfanne stark erhitzen und das Fleisch auf jeder Seite kurz grillieren. Herausnehmen und auskühlen lassen.

Das Rehentrecôte und die Brotknödel in feine Scheiben schneiden und abwechselnd auf die Teller anrichten. Die Gemüsewürfel zusammen mit dem Sherrydressing kurz aufkochen mit Fleur de sel und Pfeffer abschmecken, und die gehackten Kräuter dazugeben. Die Gemüsewürfel auf den Alfalfa-Sprossen auf den Tellern anrichten. Mit dem restlichen Dressing die Fleisch- und Knödelscheiben beträufeln.

Tip: Damit das Fleisch nicht an der Pfanne klebenbleibt, kann man diese stark erhitzen, 2 EL Salz hineingeben und die Pfanne mit einem Tuch gut ausreiben. Dann das Salz entfernen und das Fleisch grillieren.

150 g Brotknödel (Rezept Seite 114)
300 g Rehentrecôte
Fleur de sel, Pfeffer aus der Mühle
Erdnussöl

100 g Gemüsewürfel
(Karotten, Kohlrabi, Zucchini, Petersilienwurzel), blanchiert
100 ml Sherrydressing
(siehe Rezept Wildhasenrücken Seite 26)
1 TL frische Kräuter
(glatte Petersilie, Schnittlauch, Rosmarin, Zitronenthymian), fein gehackt
einige Alfalfa-Sprossen

Gems-Salsiz und grillierte Steinpilze, mariniert mit Bockbieressig

200 g Gems-Salsiz
mit möglichst wenig Fett
4 schöne Steinpilze
Fleur de sel, Pfeffer aus der Mühle
Olivenöl

Dressing:
3 EL Bockbieressig (Rezept Seite 129)
1 EL Bockbier
120 ml Sonnenblumenöl

Den Salsiz schälen und in feine Scheiben schneiden. Die Steinpilze in ½ cm dicke Scheiben schneiden, mit Salz und Pfeffer würzen und mit Olivenöl leicht bepinseln. Die Grillpfanne stark erhitzen und die Steinpilze auf beiden Seiten kurz grillieren. Salsiz- und Steinpilzscheiben auf Tellern anrichten.

Alle Zutaten für das Dressing gut mischen und mit Fleur de sel, Pfeffer und Zucker abschmecken. Salsiz und Steinpilze damit beträufeln und ausgarnieren.

Tip: Wir verwenden für dieses Gericht einen Salsiz (Jöhris Gourmet Line) mit nur 1,5 % Restfettgehalt, also praktisch ohne Fett.

Luftgetrockneter Steinbockrücken mit Bergthymiangelee

Alle Würzzutaten gut mischen. Das Fleisch damit einreiben und etwa 6 Tage in einem Tontopf einlegen. Zweimal täglich wenden. Da beim Trocknungsvorgang Temperatur und Luftfeuchtigkeit entscheidend sind, empfehlen wir Ihnen, das Fleisch zum Trocknen oder Räuchern einem Metzger zu übergeben.

Den Steinbockrücken dünn aufschneiden. Nach Belieben dazu hausgemachtes Bergthymiangelee (Rezept Seite 124) und dunkles Vollkorn- oder Sauerteigbrot reichen.

Tip: Steinbock ist nur selten erhältlich. Für dieses Rezept eignet sich auch jedes andere Wild, etwa Reh, Hirsch, Wildschwein, Rentier oder Elch.

2 kg ausgelöster Steinbockrücken
2 EL Nitritpökelsalz (beim Metzger erhältlich)
2 EL Rohrzucker
1 Lorbeerblatt
4 Nelken
1 TL Wacholderbeeren, zerstossen
1 TL Pfefferkörner
1 Zweig Thymian
1 Zweig Rosmarin
1 Knoblauchzehe, zerdrückt

Des Waidmanns Ursprung liegt entfernt,
dem Paradiese nah.
Da war kein Kaufmann, kein Soldat,
kein Arzt, kein Pfaff, kein Advokat,
doch Jäger waren da!

Karl Bunsen, 1798

Jöhris Wildpastete mit Preiselbeer-Orangen-Terrine

Für die Farce das Fleisch und den Speck in Streifen schneiden, getrennt auf ein Blech legen und mit Pastetengewürz, Salz, Pfeffer, den Kräutern sowie den Orangen- und Zitronenzesten würzen.

Die Schalotte in der heissen Butter anziehen lassen, die Apfelwürfel und die Steinpilze dazugeben und kurz andünsten. Mit Cognac, Madeira, Porto und Gin ablöschen und flambieren, kurz einkochen lassen. Anschliessend das Ganze über das Fleisch verteilen und gut mischen. Fleisch- und Speckmischung 12 Stunden kalt stellen.

Die Rehfilets mit Salz und Pfeffer würzen, rundherum kurz anbraten und ebenfalls kalt stellen.

Für den Briocheteig alle Zutaten mischen (wichtig: sie sollten alle die gleiche Temperatur haben) und ½ Stunde an einem warmen Ort gehen lassen. Den Teig gut durchkneten und noch einmal 20 Minuten gehen lassen. Eine Pastetenform ausbuttern und mehlen. Den Teig 3–4 mm dick ausrollen und die Form mit dem Teig auslegen. Die Teigform mit den Speckscheiben auslegen. Aus einem dünn ausgewallten Teigrest einen Teigdeckel in der Grösse der Form schneiden; beiseitelegen.

Die Fleischmischung zweimal durch die feinste Scheibe des Fleischwolfs drehen, dazwischen wieder gut durchkühlen lassen. Anschliessend den Speck zweimal durchdrehen und kalt stellen. Das gut gekühlte Fleisch in der Küchenmaschine oder im Cutter kurz durcharbeiten. Den Speck nach und nach beigeben, und die Farce kalt stellen. Den halbgeschlagenen Rahm zusammen mit den Dörrpflaumen, Pistazien und Trüffeln gleichmässig unter die Farce arbeiten. Abschmecken.

Die Farce etwa 2 cm hoch in die ausgelegte Teigform füllen, dabei mit dem Löffel gut in die Ecken streichen. An den Seiten etwas hochziehen, so dass eine längliche Vertiefung entsteht. Die Rehfilets hineinlegen und mit der restlichen Farce bedecken. Die überhängenden Speckscheiben über die Farce legen, die überstehenden Teigränder darüberklappen. Die Teigränder mit Eigelb bestreichen, den Teigdeckel darauflegen und am Rand andrücken. Die Pastete mit ausgestochenen Teigresten ausschmücken.

Je nach Länge der Pastete mit einem Ausstecher ein oder zwei Öffnungen in den Teigdeckel stechen oder mit einem kleinen spitzen Messer herausschneiden. Doppelt gelegte Alufolie zu einem Rohr rollen und in die Öffnung stecken. So kann beim Backen der Dampf entweichen, ohne dass austretender Fleischsaft auf die Teigoberfläche gelangt. Die Pastete mit Eigelb bestreichen und im vorgeheizten Ofen zuerst bei 200 °C 15 Minuten anbacken, dann bei 160 °C etwa 25 Minuten fertigbacken. Mit einem Holzstäbchen oder Messerspitze prüfen, ob sie gar ist. Auskühlen lassen.

Für eine Pastetenform von 1,2 Liter

Farce:
200 g Rehfleisch
200 g Kalb- oder Schweinefleisch
200 g Halsspeck
1 TL Pastetengewürz
Salz, Pfeffer aus der Mühle
Thymian, Rosmarin
Zesten von je ½ Orange und Zitrone
50 g Butter
1 Schalotte, fein gehackt
½ Apfel, geschält, in Würfel geschnitten
70 g frische oder 30 g getrocknete und eingeweichte Steinpilze
2 EL Cognac
2 EL Madeira
1 EL Porto
1 EL Gin
½ l Rahm, halb geschlagen

Einlage:
2 Rehfilets
6–7 Dörrpflaumen
4 EL Pistazien
20 g Trüffel, gehackt

Briocheteig:
500 g Mehl
100 g Butter
2 Eigelb
200 ml Milch
2 TL Salz
30 g Hefe
2 TL Zucker

10 Scheiben Halsspeck, ca. 10 cm breit, dünn geschnitten, zum Auslegen

Eigelb zum Bestreichen

Madeiragelee:
¼ l Wildkraftsuppe
¼ l Madeira
6 Blatt Gelatine (12 g), eingeweicht

Für das Madeiragelee die Wildkraftsuppe zusammen mit dem Madeira aufkochen und die eingeweichten Gelatineblätter darin auflösen. Bevor es zu gelieren beginnt, durch die Abzugslöcher in die kalte Pastete füllen, um die durch das Backen entstandenen Hohlräume auszufüllen.

Kühl stellen. Die Pastete aus der Form stürzen, in Scheiben schneiden, auf Tellern nach Belieben mit Preiselbeer-Orangen-Terrine anrichten und ausgarnieren.

Preiselbeer-Orangen-Terrine

Für eine Terrinenform von ca. 300 ml Inhalt

150 g kaltgerührte Preiselbeeren (Rezept Seite 123)
4 Blatt Gelatine (8 g), eingeweicht
2 EL geschlagener Rahm
100 ml Orangensaft
150 g Orangenfilets

Die Preiselbeeren kurz mixen, dann leicht erwärmen und zwei der eingeweichten Gelatineblätter beigeben. Die Masse in zwei Portionen teilen. Unter die eine Portion den geschlagenen Rahm heben.

Den Orangensaft auf die Hälfte einkochen, die restlichen zwei Gelatineblätter darunterrühren und die Orangenfilets dazugeben.

Die Terrinenform mit Klarsichtfolie auslegen und die drei Massen schichtweise einfüllen. Wichtig: Nach jeder Schicht erkalten und fest werden lassen. Die Terrine gut durchkühlen.

Wildfleischterrine mit Hagebuttensauce

Das Fleisch in 20 bis 30 g schwere Würfel schneiden. Mit den übrigen Zutaten bis auf den Alkohol, die Wildglace und die Einlage mischen und 24 Stunden kühl stellen.

Anschliessend das marinierte Fleisch kurz sehr heiss anbraten, so dass es innen noch roh ist. Mit Madeira und Cognac ablöschen, die Wildglace dazugeben, und das Fleisch sofort herausnehmen. Den Fond einreduzieren und über das Fleisch geben. Alles gut durchkühlen lassen, dann durch die mittlere Scheibe des Fleischwolfs drehen, mit Pfeffer aus der Mühle und Grappa abschmecken und gut vermengen.

Zuletzt die Zutaten für die Einlage daruntermischen. Die Terrinenformen mit Folie auslegen, die Masse hineinfüllen und im Ofen im Wasserbad je nach Form 40 bis 60 Minuten garen. Wichtig: Die Kerntemperatur soll maximal 85 °C betragen. Die Terrine aus dem Ofen nehmen, gut durchkühlen lassen, dann stürzen, in Scheiben schneiden und mit Hagebuttensauce (Rezept Seite 123) anrichten.

Für 4 bis 6 Personen
(1 Terrinenform von 1,2 Liter Inhalt)

100 g Schweinehals
100 g Speck, geräuchert
40 g grüner Speck
240 g Wildfleisch
(z.B. Hirsch, Reh, Gems)
120 g Entenleber oder andere Geflügelleber
½ mittlerer Apfel, in Schnitze geschnitten
1–2 Schalotten, gehackt
30 g frische oder 12 g getrocknete Steinpilze, eingeweicht
1 Knoblauchzehe
1 Msp. Pastetengewürz
1 EL Nitritpökelsalz
4 Wacholderbeeren, zerstossen
1 Zweig Rosmarin
1 Zweig Thymian
Pfeffer aus der Mühle
Öl zum Braten
3 EL Madeira
2 EL Cognac
100 ml Wildglace
(stark einreduzierter Wildjus)
2 EL Grappa

Als Einlage:
60 g Wildfiletwürfel, klein geschnitten, ansautiert
2 EL Spickspeckwürfel, klein geschnitten
100 g frische Pilze, angebraten
2 EL Pistazien oder Pinienkerne
1 EL helle Sultaninen
Trüffelabschnitte, in Würfel geschnitten

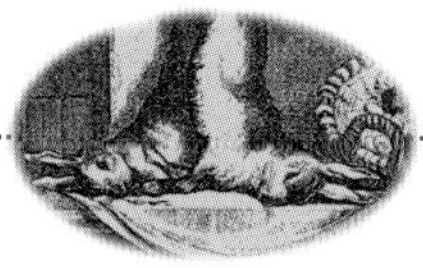

Confit von Hirsch und Wildschwein mit Wildleberaufstrich

Für 8 Personen

500 g Hirschfleisch
500 g Wildschwein, am besten Halsstück (durchzogen)
1 EL Nitritpökelsalz
3 Wacholderbeeren, zerstossen
10 Pfefferkörner
1 Lorbeerblatt
1 Zweig Thymian
1 Zweig Rosmarin
½ Apfel, in grobe Schnitze geschnitten
½ kg Schweineschmalz oder Gänsefett
1 Lyoner Kunstdarm (vom Metzger)

Das Fleisch in Stücke von ca. 100 g schneiden, mit dem Pökelsalz, den Gewürzen, Kräutern und den Apfelschnitzen mischen und in ein Tongefäss pressen. Fünf bis sechs Tage durchziehen lassen, dabei zweimal täglich wenden.

Das Fleisch im Schweineschmalz oder Gänsefett langsam weich kochen (2 bis 3 Stunden). Das Fett abgiessen und die Fleischstücke leicht auskühlen lassen. Die Kräuterzweige und die Apfelschnitze entfernen und das Fleisch noch leicht warm in den Kunstdarm füllen. Zwei bis drei Esslöffel vom flüssigen Fett dazugeben, die Masse gut pressen und abbinden. Gut durchkühlen lassen. Das Confit kann dann wie eine Wurst aufgeschnitten werden.

Confit ist eine alte Zubereitungsmethode, meistens für Gänse- und Entenfleisch. Es wurde früher samt dem Fett in Steinguttöpfen im Keller auf Vorrat gelagert.

Tip: Dieses Confit kann gekühlt 14 Tage aufbewahrt werden. Nach dem Anschneiden sollte es innerhalb von 3 bis 4 Tagen aufgebraucht werden.

Wildleberaufstrich

Für 12 Gläser à 200 ml

Kochsud:
3 l Wasser
½ Sellerieknolle
2 Karotten
½ Stange Lauch
1 Zwiebel
2 Knoblauchzehen
1 Zweig Petersilie
1 Zweig Rosmarin
1 Zweig frische Pfefferkörner
Salz

200 g mageres Wildfleisch
2 kg fetter Schweinebauch mit Schwarte
800 g Reh- oder Hirschleber
6 Schalotten, fein gehackt
Schweineschmalz
50 g Nitritpökelsalz
1 gehäufter EL Pfeffer
1 TL gemahlener Ingwer
1 TL Muskatnuss
2 EL Thymian
4 Wacholderbeeren, zerstossen

Alle Zutaten für den Kochsud zusammen aufkochen und auf 80 °C (knapp unter dem Siedepunkt) halten. Das Wildfleisch und den Schweinebauch etwa 1 Stunde bei 80 °C im Kochsud ziehen lassen. Die Leber zum Schluss etwa 12 Minuten im Sud mitziehen lassen.

Die feingehackten Schalotten im Schweineschmalz anziehen und glasig dünsten.

Die Leber und das Fleisch aus dem Sud nehmen und zusammen mit den Schalotten durch die mittlere Scheibe des Fleischwolfs drehen. Das Pökelsalz und die Gewürze dazugeben und die Masse mit 200 ml vom Kochsud gut verrühren. In Einmachgläser füllen und bei 90 °C 2 Stunden pochieren.

Tip: Dieser Aufstrich schmeckt besser, wenn man ihn in einer nicht zu kleinen Menge herstellt.

Er hält sich kühl gelagert drei Monate und eignet sich als rustikale Vorspeise, z. B. mit Essigzwetschgen, eingemachten Pilzen oder Quittengelee (Rezepte Seite 124, 128) zu Vollkornbrot, und ist auch ein idealer Brotaufstrich für einen zünftigen Imbiss.

Salat von gebeizter Rehzunge

Für die Pökellake das Wasser zum Kochen bringen. Dann Nitritpökelsalz, Salz und Zucker einrühren, den Kirsch und die Würzzutaten dazugeben. Die Lake abkühlen lassen. Die Rehzungen in die Pökellake legen und mit Folie abgedeckt 6 Tage ziehen lassen.

Die Zungen aus der Lake nehmen und 1 Stunde wässern. Die Wildconsommé aufkochen, die gespickte Zwiebel, das Bouquet garni und den Rosmarinzweig dazugeben und die Zungen in diesem Sud unter dem Siedepunkt gar ziehen lassen (ca. 1½ Stunden). Die Zungen aus dem Sud nehmen, mit kaltem Wasser abschrecken und die Haut abziehen.

Für die Vinaigrette den Himbeeressig mit der Bouillon und dem Sonnenblumenöl kurz mixen und mit Salz, Zucker und etwas Pfeffer abschmecken. Die Himbeeren halbieren, dazugeben und ½ Stunde ziehen lassen.

Die Zunge längs in dünne Scheiben schneiden (am besten mit der Aufschnittmaschine) und mit der Vinaigrette beträufeln.

Nach Belieben etwas Pilzterrine (Rezept Seite 24) dazulegen.

Pökellake:
1 l Wasser
50 g Nitritpökelsalz
50 g Salz
1 EL Zucker
2 EL Kirsch
1 Knoblauchzehe
1 Lorbeerblatt
1 TL Wacholderbeeren
½ TL Pfefferkörner
1 TL Koriander, im Mörser zerstossen

2 Rehzungen

Sud:
1 l Wildconsommé oder Wasser
½ Zwiebel, mit 1 Lorbeerblatt und 2 Nelken gespickt
1 Bouquet garni
1 Zweig Rosmarin

Himbeervinaigrette:
3 EL Himbeeressig
2 EL Bouillon
7 EL Sonnenblumenöl
Salz, Zucker, Pfeffer aus der Mühle
16 frische Himbeeren

Wildschwein-Ballotine

Für 6 bis 8 Personen (1 Ballotine)

150 g Wildschweinfleisch
70 g Rehfleisch
30 g geräucherter Speck
100 g Halsspeck
50 g Butter
1 Schalotte, fein geschnitten
¼–½ geschälter Apfel, in Würfel geschnitten
50 g frische oder 20 g getrocknete und eingeweichte Steinpilze
1 EL Cognac
1 EL Madeira
1 EL Merlot
3 EL Wildglace (stark einreduzierter Wildjus)
Salz, Pfeffer aus der Mühle
1 Eigelb
200 ml gut gekühlter Rahm
4 EL halbgeschlagener Rahm
3 EL geschälte Pistazien
10 g schwarze Trüffel, gehackt
60 g gekochter Schinken, in kleine Würfel geschnitten
50 g Gänsestopfleber, in Würfel geschnitten
1 TL gehackte Kräuter (Rosmarin, Thymian, Salbei)

400 g Wildschweinrücken ohne Knochen (zum Füllen)
1 l Wildfond
1 Bouquet garni

125 ml stark gelierter Wildjus
4 cl Madeira
1 Blatt Gelatine (2 g), eingeweicht

Das Wildschweinfleisch, das Rehfleisch, den geräucherten Speck und den Halsspeck in Würfel von 20 bis 30 g schneiden und kalt stellen. Wenn es gut durchgekühlt ist, Wildschweinfleisch, Rehfleisch und den geräucherten Speck zusammen, den Halsspeck separat durch die feine Scheibe des Fleischwolfs drehen und wiederum ganz durchkühlen lassen.

Die Butter erhitzen, bis sie nussbraun ist. Die Schalotte, die Apfelwürfel und die Steinpilze darin kurz andünsten, mit Cognac, Madeira und Merlot ablöschen und flambieren. Die Wildglace dazugeben, kurz aufkochen und dann kalt stellen.

Die durchgekühlte Fleischmischung salzen und pfeffern und mit der Apfel-Pilz-Mischung in der Küchenmaschine fein pürieren. Anschliessend den Halsspeck beigeben und mitpürieren; zuletzt das Eigelb einarbeiten. Nach und nach den Rahm dazugeben, bis eine homogene, glatte Farce entsteht. Die Farce in einer auf Eis gesetzten Schüssel durchkühlen lassen. Nun den halbgeschlagenen Rahm, Pistazien, Trüffel, Schinken, Gänseleber und Kräuter gleichmässig unterziehen und die Farce kühl stellen.

Den Wildschweinrücken der Länge nach bis zur Hälfte einschneiden und mit einem Stück Klarsichtfolie bedeckt vorsichtig etwa ½ cm dick klopfen. Das Fleisch auf ein feuchtes Tuch legen, salzen und pfeffern, die Farce gleichmässig darauf verteilen, und das Ganze zu einer Wurst rollen.

Die gerollte Ballotine straff in das Tuch wickeln, um allfällige Hohlräume zu beseitigen. Die Tuchenden abbinden, und die Rolle in regelmässigem Zweifinger-Abstand mit Küchengarn umwickeln. Die Ballotine zusammen mit dem Bouquet garni etwa 40 Minuten bei 85 °C im Wildfond ziehen lassen. Sie muss immer mit dem Fond bedeckt sein. Die Ballotine im Fond auskühlen lassen. Dann herausheben und aus der Hülle lösen.

Den Wildjus mit dem Madeira aufkochen, dann das eingeweichte Gelatineblatt dazugeben. Den Jus durch ein Sieb passieren und kühl stellen. Kurz bevor er geliert, die Ballotine damit überziehen, dann kalt stellen, bis der Überzug geliert ist. Die Ballotine in Scheiben schneiden, anrichten und nach Belieben garnieren.

Tip: Bei der Zubereitung der Farce müssen alle Zutaten sehr gut gekühlt sein, damit eine Emulsion entstehen kann. Das Fleisch nie warm werden lassen, da es sonst die Bindung verliert. Wenn möglich das Fleisch zwischen den einzelnen Arbeitsschritten immer wieder kühl stellen.

Diese Ballotine kann auch aus anderem Wildfleisch oder Wildgeflügel hergestellt werden.

Wildschwartenmagen mit Bratkartoffelsalat

Für die Pökellake Salz, Zucker, Wasser, Wein und Kirsch zusammen aufkochen, dann die Würzzutaten hinzufügen und die Lake abkühlen lassen. Die Haxen in die Lake geben und 10 bis 12 Tage durchziehen lassen.

Das Fleisch aus der Lake nehmen und etwa 2 Stunden wässern. Anschliessend in der Wildconsommé so lange kochen, bis es sich vom Knochen löst. Die Consommé durch ein Tuch passieren. 300 ml davon abmessen, die eingeweichten Gelatineblätter einrühren und mit Salz und Pfeffer abschmecken.

Die Terrinenform mit Klarsichtfolie auskleiden und mit einer Schicht Karottenstreifen auslegen. Die Fleischstücke hineinlegen und mit der Wildconsommé auffüllen. Mit einer Schicht Karottenstreifen bedecken, leicht pressen, und den Schwartenmagen gut durchkühlen lassen.

Für den Bratkartoffelsalat die Kartoffeln in dünne Scheiben schneiden, salzen, pfeffern und in der Pfanne in wenig Öl goldgelb braten. Mit dem Sherrydressing ablöschen und dieses kurz aufkochen lassen.

Wenn der Schwartenmagen fest ist, in gleichmässige Stücke schneiden und mit dem Kartoffelsalat anrichten.

Für 1 Terrinenform von ½ Liter Inhalt

Pökellake:
50 g Nitritpökelsalz
50 g Meersalz
1 EL Zucker
750 ml Wasser
375 ml Rotwein (Merlot)
2 EL Kirsch
1 TL Wacholderbeeren
½ TL Pfefferkörner
1 Zweig Thymian
1 Zweig Rosmarin
1 Lorbeerblatt
1 Knoblauchzehen

2 Wildschweinhaxen oder
4 Reh- oder Hirschhaxen
2 l Wildconsommé
5 Blatt Gelatine (10 g), eingeweicht
Fleur de Sel, Pfeffer aus der Mühle
2 Karotten, in dünne Streifen geschnitten und blanchiert

Bratkartoffelsalat:
8 kleine neue Kartoffeln mit der Schale
Fleur de sel, Pfeffer aus der Mühle
Öl zum Braten
8 EL (80 ml) Sherrydressing
(Rezept Wildhasenrücken Seite 26)

Schwartenmagen mit Bratkartoffelsalat, mit einem Salatbouquet, Wachtelspiegelei und marinierten Cherrytomaten garniert.

Wildraviolini

Alle Zutaten für den Teig mischen, gut durchkneten und 2 Stunden ruhen lassen.

Die Schalotte und die Kräuter in Butter kurz anziehen lassen. Das Kalbsbries, den Schweinehals und das Wildfleisch zusammen mit dem Spinat durch die feine Scheibe des Fleischwolfs drehen. Die angedünsteten Schalotten und Kräuter dazugeben und mit Salz, Pfeffer und Muskatnuss würzen. Das Paniermehl, den Parmesan und die braune Butter dazugeben und mit dem Ei abbinden.

Den Teig so dünn wie möglich ausrollen und daraus Quadrate von etwa 5×5 cm schneiden. Auf jedes etwas von der Füllung geben und zu Ravioli zusammenschlagen. Die Ränder zusammenpressen.

Die Ravioli in reichlich kochendem Salzwasser 3 bis 4 Minuten garen, mit einem Sieblöffel herausheben und in Butter schwenken. Wenn nötig noch nachwürzen.

Teig:
½ kg Hartweizenmehl
230 ml Eigelb (von ca. 10–12 Eiern)
2 EL Olivenöl
Salz

Füllung:
1 Schalotte, gehackt
1 EL gehackte Kräuter
(Rosmarin, Majoran, Thymian)
Butter
100 g Kalbsbries
180 g Schweinehals
180 g Reh- oder Hirschfleisch ohne Sehnen
180 g Spinat
Salz, Pfeffer aus der Mühle
Muskatnuss
3–4 EL Paniermehl
2 EL Parmesan, gerieben
20 g Butter, gebräunt
1 Ei

Dem Schweisshund wird,'s ist nicht gelogen,
bei Misserfolg das «W» entzogen.

Aus Vorarlberger Hüttenbüchern

Wildraviolini auf Wildjus mit blanchiertem Wirsinggemüse.

Rehfilet im Reisteig mit Soja-Gemüse

Die Rehfilets mit Hoisinsauce bestreichen und ½ Stunde marinieren. Die Teigblätter auslegen, auf jedes in die Mitte ein Rehfilet und darauf einige Glasnudeln legen. Die Teigränder mit Ei bestreichen und den Teig eng aufrollen; die Ränder gut andrücken. Im heissen Öl 3 bis 4 Minuten bei 180 °C goldbraun fritieren.

Für das Soja-Gemüse Paprika, Wirsing und Zucchini in gleichmässige Stücke oder Streifen schneiden. Das Sesamöl erhitzen, das Gemüse darin kurz andünsten, dann die Sojasauce und den Koriander dazugeben, mit Salz und Pfeffer würzen.

Die Rehfilets schräg halbieren und auf dem Soja-Gemüse anrichten.

4 Rehfilets
1 EL Hoisinsauce (Pflaumen-Sojasauce)
4 Blätter Frühlingsrollenteig
40 g Glasnudeln, nach Packungsanleitung gekocht
1 Ei
Erdnussöl zum Fritieren

Soja-Gemüse:
50 g Paprika (Peperoni), rot und gelb
50 g Wirsing
50 g Zucchini
50 g Kefen
50 g Sojasprossen
50 g Shiitake-Pilze oder Champignons
1 EL Sesamöl
2 EL Sojasauce, süss
½ TL frisch gehackter Koriander
Salz, Pfeffer aus der Mühle

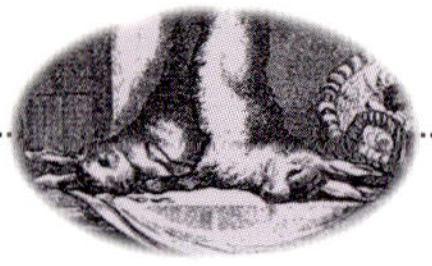

Wildhasenkroketten im Wantan-Teig süss-sauer

Das Fleisch in erbsengrosse Würfel schneiden, mit Garam Masala, Pflaumensauce oder -marmelade, Salz und Pfeffer würzen. Mit den Eigelben vermischen und zu kleinen Kugeln formen.

Den Wantan-Teig in feine Streifen schneiden und die Fleischkugeln darin wenden. Danach im heissen Fett 2 bis 3 Minuten fritieren. Die Fleischkugeln sollten in der Mitte noch rosa sein. Mit süss-saurer Sauce servieren.

500 g Wildhasenfleisch ohne Sehnen und ohne Haut (am besten Filet)
1 EL Garam Masala (indische Gewürzmischung)
2 EL chinesische Pflaumensauce oder Pflaumenmarmelade
Salz, Pfeffer aus der Mühle
3 Eigelb
100 g Wantan-Teig (fertig gekauft)
1 l Erdnussöl zum Fritieren

200 ml süss-saure Sauce, selbstgemacht oder fertig gekauft

Süss-saure Sauce

Alle Zutaten zusammen aufkochen. Abkühlen lassen und mit Ingwer und Sesamöl abschmecken.

Für 4 Gläser à 200 ml

150 g brauner Zucker
200 g Ketchup
250 ml Reisessig
400 ml Hühnerbrühe
1 EL Reis- oder Maisstärke

½ TL gehackter Ingwer
1½ EL Sesamöl

Bedenk, o Mensch im grünen Rock:
Auch du bist nur ein Abschussbock!

Aus Vorarlberger Hüttenbüchern

Kartoffelknödel mit Wildfüllung

Für die Kartoffelknödel die Kartoffeln in der Schale in Salzwasser weich kochen. Gut ausdämpfen lassen, dann schälen, passieren und würzen. Eigelb, Quark und Butter beigeben und alles zu einem geschmeidigen Teig arbeiten. Am Schluss das Mehl darunterkneten.

Für die Füllung die Rehfiletwürfel im heissen Erdnussöl kurz anbraten, mit Gin und Cognac ablöschen. Den Kochspeck und die Schalotte in 1 TL Butter anbraten und zu den Rehfiletwürfeln geben. Alles mit den gehackten Kräutern und dem Eigelb vermischen und würzen.

Aus dem Kartoffelteig 16 flache, etwa ½ cm dicke Plätzchen formen, jeweils etwas von der Wildfüllung daraufgeben und zu Knödeln formen. Die Knödel in leicht kochendem Salzwasser 8–10 Minuten gar ziehen lassen. In Butter schwenken und mit Paniermehl bestreuen.

Die Knödel auf Gersten-Sauerkraut (Rezept Seite 120) anrichten und mit Wildjus servieren.

Knödel:
500 g mehlige Kartoffeln
Salz, Pfeffer, Muskatnuss
2 Eigelb
50 g Quark
50 g Butter, flüssig
150 g Mehl

Füllung:
200 g Rehfilet (oder sehnenfreies Rehfleisch), in kleine Würfel geschnitten
1 EL Erdnussöl
1 EL Gin
1 EL Cognac
1–2 EL klein gewürfelter Kochspeck
1 Schalotte, gehackt
1 EL gehackte Kräuter (glatte Petersilie, Thymian, Rosmarin)
1 Eigelb
Salz, Pfeffer, Muskatnuss
50 g Butter, geschmolzen
helles Paniermehl

Beuschel vom Reh

Geschmorte Innereien

Lunge, Herz und Niere halbieren, von Blutresten und Äderchen befreien und etwa 2 Stunden wässern.

Aus dem Wildfond oder Wasser, dem Weisswein und Essig, dem Bouquet garni und den Gewürzen einen Sud herstellen. Die Innereien darin 1 bis 1½ Stunden weich kochen; die Lunge dabei mit einem Deckel o.ä. beschweren, damit sie mit dem Sud bedeckt ist.

Die Innereien aus dem Sud nehmen und auskühlen lassen, dann in dünne Scheiben und diese anschliessend in Streifen schneiden. Den Sud durch ein Tuch passieren und auf die Hälfte einreduzieren.

Für die Sauce Schalotte, Essiggurke, Knoblauchzehe, Kapern und Sardellenfilets fein hacken. Das Schweineschmalz oder die Butter zergehen lassen, das Mehl beigeben und rösten, bis es hellbraun ist. Die feingehackten Zutaten, Zitronenschale und Petersilie beigeben und kurz mitrösten, dann mit dem einreduzierten Sud aufgiessen. Die Sauce etwa 20 Minuten kochen lassen, dann den Rahm und das feingeschnittene Gemüse beigeben und weiterkochen lassen. Zum Schluss die Streifen von Lunge, Herz und Niere beigeben und kurz mitkochen. Das Beuschel mit Salz, Pfeffer und Worcestersauce abschmecken. Mit Sauerrahm und gehackter Petersilie garnieren.

Bei Hunden, Vögeln, Waffen, Liebesfreuden
Gibt's eine Lust zumeist auf hundert Leiden.

Französisch

Für 4 bis 6 Personen

je 1 Lunge, 1 Herz und 1 Niere vom Reh
(nur frische Innereien verwenden)

Sud:
1½ l heller Wildfond oder Wasser
½ l Weisswein
1 EL Champagneressig
1 Bouquet garni von 200 g (Karotten, Lauch, Sellerie, Petersilienwurzel zu gleichen Teilen)
2 Schalotten
1 Knoblauchzehe
1 Lorbeerblatt
4 Wacholderbeeren, zerstossen
1 Zweig Thymian
1 Zweig Rosmarin
Salz

Sauce:
1 Schalotte
1 Essiggurke
1 Knoblauchzehe
½ TL Kapern
2 Sardellenfilets
100 g Schweineschmalz oder Butter
3 gehäufte EL (60 g) Mehl
¼ Zitrone, abgeriebene Schale
2 EL fein gehackte Petersilie
¾ l Sud
¼ l Rahm
120 g Gemüse (Karotten, Lauch, Sellerie, Essiggurke), in feinste Streifen (Julienne) geschnitten
Salz, Pfeffer aus der Mühle
Worcestersauce
4 EL Sauerrahm
1 EL gehackte Petersilie

Siedwurst vom Wildschwein

Den Rotwein mit dem zerdrückten Knoblauch über Nacht ziehen lassen. Dann durch ein Tuch passieren.

Das Fleisch durch die mittlere Scheibe des Fleischwolfs drehen. Mit den Gewürzen und dem gewürzten Rotwein gut vermengen. Mit Hilfe des Spritzsacks in den Schweinedarm füllen und diesen alle 20 cm abbinden. (Die Würste gewinnen an Geschmack, wenn sie anschliessend zwei- bis dreimal kalt geräuchert werden.)

Die Wildconsommé erhitzen und die Würste darin bei 80 °C etwa 20 Minuten ziehen lassen.

Das Quittengelee mit Wasser verdünnen, aufkochen und mit Limonensaft und Apfelessig abschmecken.

Die Würste nach Belieben auf Krautstielgemüse anrichten und die Quittensauce dazu reichen.

Für 6 Portionen

100 ml Rotwein
1 Knoblauchzehe, zerdrückt
400 g Wildschweinfleisch, durchwachsen
400 g Schweinefleisch vom Hals
250 g fetter Speck ohne Schwarte
2 TL Salz
1 TL Nitritpökelsalz
½ TL Pfeffer
1 Msp. Muskatnuss, gemahlen
1 Msp. Zucker
2 m Schweinedarm, gereinigt
1½ l Wildconsommé

Quittensauce:
4 EL Quittengelee (Rezept Seite 124)
Limonensaft
Apfelessig

Es lebe, was auf Erden
stolziert in grüner Tracht,
die Wälder und die Felder,
die Jäger und die Jagd!
Wie lustig ist's im Grünen,
wenn's helle Jagdhorn schallt,
wenn Hirsch und Rehe springen,
wenn's blitzt und dampft und knallt!

Wilhelm Müller, 1822

Suppen

Wildcreme
mit Hirn-Kräuter-Croûtons

Das Öl in einem Schmortopf erhitzen. Die Knochen und Wildfleischabschnitte beigeben und bei 180 °C unter mehrmaligem Wenden langsam im Ofen rösten.

Das Gemüse in Würfel schneiden und, sobald die Knochen leicht Farbe angenommen haben, zugeben und ebenfalls im Ofen anbräunen lassen. Mit dem Mehl bestreuen, dieses etwas rösten, dann mit dem Rotwein ablöschen und mit dem Wasser aufgiessen. Die Pilze, das Lorbeerblatt, Wacholder, Thymian und Rosmarin beigeben und alles bei leichter Hitze im Ofen etwa 3 Stunden auf rund 2 Liter Fond einköcheln lassen. Nach Bedarf noch etwas Wasser nachgiessen.

Inzwischen für die Croûtons das Hirn von der feinen Haut befreien und gut wässern. Das Hirn ganz fein hacken und mit den Eigelben, den Kräutern und Gewürzen zu einer glatten Masse rühren; abschmecken. Die Toastbrotscheiben mit der Masse bestreichen und in der geklärten Butter auf beiden Seiten langsam braten. (Es können auch mehrere bestrichene Brotscheiben aufeinandergeschichtet gebraten werden.) Die Brotscheiben in Streifen schneiden.

Den Fond durchpassieren, Rahm und Madeira unterrühren und 15 Minuten mitköcheln lassen. Mit der Butter gut aufmixen, abschmecken und mit den Hirn-Kräuter-Croûtons servieren.

1 kg Wildknochen, gehackt
400 g Wildfleischabschnitte ohne Fett
Öl zum Anrösten
100 g Zwiebeln
150 g Röstgemüse
(Karotten, Sellerie, Lauch)
1 EL Mehl
300 ml kräftiger Rotwein
3 l kaltes Wasser
1 EL Pilzreste
1 Lorbeerblatt
5 Wacholderbeeren
je 1 Zweig Thymian und Rosmarin

Croûtons:
100 g Kalbshirn
2 Eigelb
1 TL fein geschnittene Kräuter
(Petersilie, Thymian, Majoran)
Salz, Pfeffer aus der Mühle
4 Toastbrotscheiben
2 EL geklärte Butter

100 ml flüssiger Rahm
1 EL Madeira
1 EL Butter
Salz, Pfeffer, Muskatnuss

Sauerkrautsuppe mit geräucherter Hirschwurst

Die Schalotte in der Butter andünsten und mit dem Weisswein ablöschen. Das Sauerkraut dazugeben und mit der Rindsbouillon aufgiessen. Den Rahm und die Würzzutaten dazugeben, und die Suppe 1 Stunde köcheln lassen.

Lorbeerblatt und Wacholderbeeren entfernen. 4 EL Sauerkraut als Suppeneinlage beiseitegeben. Den Rest mixen, durch ein Sieb passieren und mit Salz, Pfeffer und Muskatnuss würzen. Vor dem Servieren den Schlagrahm und die kalte Butter einrühren.

Die Hirschwurst 20 Minuten in Wildconsommé oder Salzwasser knapp unter dem Siedepunkt pochieren. In Scheiben schneiden und als Einlage in die Sauerkrautsuppe geben.

1 Schalotte, fein gehackt
2 EL Butter
100 ml Weisswein
200 g rohes Sauerkraut
1 l Rindsbouillon
100 ml flüssiger Rahm
1 Lorbeerblatt
4 Wacholderbeeren
Salz, Pfeffer, Muskatnuss
4 EL geschlagener Rahm
2 EL Butter

1 Hirschwurst
Wildconsommé oder Wasser

Puschlaver Arme-Leute-Suppe mit Wildraviolini

Das Weizenmehl ohne Fettstoff unter ständigem Rühren braun rösten. Mit der Rindsbouillon aufgiessen, den Merlot, die Schalotte, Lorbeerblatt und Kümmel beigeben und etwa 30 Minuten leicht kochen lassen. Die Suppe durch ein Sieb passieren und mit Salz und Pfeffer würzen. Mit der kalten Butter und dem geschlagenen Rahm aufmixen und mit dem Balsamicoessig abschmecken.

Die Wildraviolini nach dem Rezept auf Seite 40 zubereiten und in Salzwasser garen. Als Einlage in die Suppe geben.

70 g Weizenmehl
1 l Rindsbouillon
125 ml Merlot
1 Schalotte, fein gehackt
1 Lorbeerblatt
½ TL Kümmel
Salz, Pfeffer
80 g Butter
4 EL geschlagener Rahm
1–2 EL Balsamicoessig

Einlage:
16 Wildraviolini (Rezept Seite 44)

Herbstliches Pot-au-feu vom Wild mit Griessknödel

Die Knochen zerkleinern und im Öl bei 180 °C 15 Minuten im Ofen rösten, dann das Wurzelgemüse dazugeben und alles so lange rösten, bis es eine schöne Farbe hat. Das Fett abgiessen, Knochen und Gemüse mit dem Weisswein ablöschen. Alles in einen Topf geben und mit soviel Wasser auffüllen, bis die Knochen gut bedeckt sind. Die übrigen Würzzutaten beigeben und alles 2 Stunden leicht köcheln lassen, durch ein Tuch passieren und auskühlen lassen. 1,5 Liter von diesem Wildfond abmessen und bereithalten.

Das Wildfleisch und das Wurzelgemüse durch die grobe Scheibe des Fleischwolfs drehen und mit dem Eiweiss, dem Salz und den Eiswürfeln gut vermischen und durchkühlen lassen. Die Masse zum kalten Wildfond geben und unter vorsichtigem Rühren zum Kochen bringen. Etwa ½ Stunde ziehen lassen und in den letzten 10 Minuten die Kräuter beigeben. Die geklärte Consommé vorsichtig durch ein Tuch passieren. Mit Salz und Pfeffer abschmecken.

Für die Griessknödel die Butter schaumig rühren, das Ei und den Griess unterarbeiten und ½ Stunde quellen lassen. Aus der Masse kleine Knödel formen und in der kochenden Wildconsommé 15 bis 20 Minuten zugedeckt ziehen lassen.

Für die Einlage die Hirschwurst 20 Minuten knapp unter dem Siedepunkt gar ziehen lassen. Die Gerste, das Gemüse und den Speck kochen. Alles zusammen mit den Rehfiletwürfeln und den Pilzen zur Consommé geben. Aufkochen und mit Madeira, Salz, Pfeffer und Muskatnuss abschmecken. Mit Schnittlauch bestreut servieren.

Heller Wildfond:
1,5 kg Wildknochen
Öl zum Braten
300 g Wurzelgemüse
(Karotten, Sellerie, Schalotten, Lauch)
300 ml Weisswein
3 l Wasser
1 Lorbeerblatt
5 Wacholderbeeren
Pfefferkörner
Zitronen- und Orangenzesten

300 g Wildfleischabschnitte ohne Fett
100 g Wurzelgemüse (Petersilienwurzel, Karotten, Schalotte, Lauch)
2 Eiweiss
1 Prise Salz
100 g Eiswürfel
je 1 Zweig Thymian und Rosmarin

Griessknödel:
50 g Butter
1 Ei
100 g Griess
Salz, Pfeffer, Muskatnuss

Einlage:
1 Hirschwurst
20–30 g Gerste
100 g gemischtes Gemüse (Karotten, Sellerie, Lauch, Rosenkohl, Bohnen), in Stücke geschnitten
60 g Speckwürfel
100 g Rehfiletwürfel
60 g Pilze
100 ml Madeira
Salz, Pfeffer, Muskatnuss
1 TL fein geschnittener Schnittlauch

Die Jagd ist ein Gleichnis der Schlachten,
Des ernsten Kriegsgotts lustige Braut.
Man ist auf mit dem Morgenstrahl,
Wenn die schmetternden Hörner laden
Lustig hinaus in das dampfende Tal,
Über Berge, über Klüfte,
Die ermatteten Glieder zu baden
In den erfrischenden Strömen der Lüfte.

Friedrich Schiller, «Die Braut von Messina»

Vom Wildpret
Was vor Stück vom Wildpret man ein?
149. Was nennet man einen Ziemer?
Der Ziemer ist das Hintertheil auf dem Rücken des Hirsches, von welchem die Keulen abgelöset, und welches das Beste am Hirsch ist.
Wie muß das Hirsch-Wildpert zubereitet werden?

Linsensuppe mit Wildklösschen

Wie beim Rezept auf Seite 62 beschrieben, einen Wildfond herstellen.

Das Wildfleisch mit den Linsen und dem Gemüse durch die grobe Scheibe des Fleischwolfs drehen. Etwas Wasser, das Eiweiss und die Eiswürfel dazugeben. ½ Stunde kühl stellen. Den Wildfond erwärmen, die Wildfleischmasse beigeben und unter ständigem Rühren zum Kochen bringen (Vorsicht: es brennt leicht an!). Die Würzzutaten beigeben und 30 bis 40 Minuten über sanfter Hitze ziehen lassen. Anschliessend durch ein Tuch passieren und mit Salz und Pfeffer abschmecken.

Für die Wildklösschen das Wildfleisch mit dem Rahm sowie Salz und Pfeffer gut vermengen. Durchkühlen lassen. Dann in der Küchenmaschine oder im Cutter zu einem feinen Brei mixen und mit Muskatnuss abschmecken. Mit zwei kleinen Löffeln aus der Masse Klösschen formen und diese in der Suppe pochieren (die Suppe soll dabei nicht kochen). Die gekochten Linsen beigeben und die Suppe mit Petersilie garniert servieren.

Tip: Für die Klösschen nur frisches Fleisch verwenden, gefrorenes bindet nicht.

1,5 l Wildfond (siehe Rezept Seite 62)
300 g Wildfleisch
(Laffe, Hals oder Haxe)
200 g Linsen
80 g Röstgemüse
(Karotten, Petersilienwurzel, Lauch)
½ Zwiebel
4 Eiweiss
100 g Eiswürfel
1 Lorbeerblatt
je 1 Zweig Rosmarin und Thymian
5 Pfefferkörner
4 Wacholderbeeren

Wildklösschen:
100 g Wildfleisch, von Sehnen befreit und in kleine Würfel geschnitten
100 ml Rahm
Salz, Pfeffer aus der Mühle
Muskatnuss

40 g gekochte Linsen (15–20 g roh)
glatte Petersilie

Polentasuppe
mit gepökeltem Wildschwein

Die Schalotte in Butter andünsten. Den Polentagriess beigeben und kurz mitdünsten, dann mit dem Weisswein ablöschen, mit der Geflügelbouillon aufgiessen und das Lorbeerblatt hinzufügen. Die Suppe etwa 35 Minuten köcheln lassen (falls nötig, noch Flüssigkeit nachgeben).

Den Rahm beigeben, die Suppe nochmals aufkochen lassen, das Lorbeerblatt entfernen und die Suppe mixen. Mit Salz, Pfeffer und Muskatnuss würzen und vor dem Servieren mit Schlagrahm und Butter verfeinern.

Das gepökelte Wildschweinfleisch in sehr dünne Scheiben schneiden und zusammen mit den Dörrzwetschgenstreifen in die Suppe geben.

Tip: Anstelle von Wildschwein kann auch Rohschinken, Salsiz oder Hirschwurst verwendet werden.

1 Schalotte, fein gehackt
2 EL Butter
60 g Polentagriess
100 ml Weisswein
1 l Geflügelbouillon
1 Lorbeerblatt
200 ml Rahm
Salz, Pfeffer, Muskatnuss
2 EL Schlagrahm
2 EL Butter

40 g gepökelter und gekochter oder luftgetrockneter Wildschweinrücken
2 eingeweichte Dörrzwetschgen, in feine Streifen geschnitten

Hauptgerichte

Aceto
Balsamico
di Modena
ROSSINI

Panierte Hirschleber mit Feigen an Portweinsauce

8 Scheiben Hirschleber à 60 g, von Sehnen und Haut befreit
Salz, Pfeffer aus der Mühle
Mehl zum Bestäuben
2 Eier, verquirlt
100 g helles Paniermehl
200 g Butter, geklärt
20 g Butter

4 Feigen
1 EL Butter
1 EL Honig
2 EL roter Portwein

Portweinsauce:
100 ml Portwein
100 ml Rotwein
1 Schalotte, gehackt
1 Zweig Zitronenthymian
100 ml Wildjus
1 EL alter Portwein
1 EL Sauerrahm
2 EL geschlagener Rahm
½ Zitrone, Saft

Die Hirschleberscheiben salzen und pfeffern. Mit Mehl bestäuben, durch das Ei ziehen und im Paniermehl wenden. Die geklärte Butter erhitzen und die panierte Leber darin goldgelb braten. Zuletzt noch, um Geschmack zu geben, die frische Butter beigeben.

Die Feigen über Kreuz einschneiden und etwas auseinanderdrücken. Mit Butterflocken belegen und den Honig daraufgeben. 3 bis 4 Minuten im Ofen bei 200 °C glasieren. Aus dem Ofen nehmen, mit dem Portwein ablöschen und mehrmals mit dem Saft übergiessen.

Für die Sauce den Portwein und den Rotwein mit der Schalotte und dem Zitronenthymian aufkochen und auf ein Drittel einreduzieren lassen. Durch ein Sieb passieren, den Wildjus dazugeben und nochmals aufkochen lassen. Den alten Portwein, den Sauerrahm und den geschlagenen Rahm darunterheben und mit Salz, Pfeffer und Zitronensaft abschmecken.

Die Hirschleber mit den glasierten Feigen und nach Belieben mit einem Apfel-Kartoffel-Gratin (Rezept Seite 117) anrichten. Die Portweinsauce getrennt dazu reichen.

Wer jagen, stechen, schiessen will
Der hat klein' Nutz und Kosten viel.

Sebastian Brant, «Narrenschiff», 1494

Geschnetzelte Rehleber mit Apfel-Zwiebel-Confit

Für das Apfel-Zwiebel-Confit das Gänsefett erhitzen und die Zwiebeln darin anziehen lassen, ohne dass sie Farbe annehmen. Salzen (macht die Zwiebeln schneller weich), Zucker und Honig beigeben und bei kleiner Hitze köcheln lassen. Abwechselnd in kleinen Mengen Weisswein und Apfelsaft dazugeben und jeweils einkochen lassen, bis die Zwiebeln weich sind (ca. 1 Stunde). Am Schluss die Apfelstücke dazugeben und noch kurz mitkochen lassen. Mit Salz und Pfeffer abschmecken.

Die Rehleber in feine Streifen schneiden, mit Salz, Pfeffer und Muskatnuss würzen und in heissem Öl anbraten. Die Schalotten, Thymian und Rosmarin beigeben und kurz mitbraten. Alles in einem Sieb abtropfen lassen. Die Butter aufschäumen, die Leberstreifen darin nochmals kurz sautieren und mit der Petersilie bestreut sofort anrichten. Mit dem Apfel-Zwiebel-Confit garnieren.

Tip: Die Rehleber schmeckt natur gebraten am besten. Sie kann aber natürlich auch mit diversen Saucen wie einer Calvados-Wildrahmsauce oder einem Wildjus serviert werden.

Apfel-Zwiebel-Confit:
100 g Gänsefett
200 g Zwiebeln, in feine Würfel geschnitten
2 EL Zucker
1 EL Honig
100 ml Weisswein (Chardonnay)
100 ml Apfelsaft
200 g Äpfel, in erbsengrosse Würfel geschnitten
Salz, Pfeffer aus der Mühle

600 g Rehleber, Haut und Nervenstränge entfernt
Salz, Pfeffer aus der Mühle, Muskatnuss
Öl zum Braten
2 Schalotten, gehackt
je 1/2 TL frischer Thymian und Rosmarin, fein gehackt
80 g Butter
1 EL fein geschnittene Petersilie

Geschnetzelte Rehleber mit Apfel-Zwiebel-Confit und Griessplätzchen (Rezept Seite 118).

Rehpfeffer

800 g Rehschulter ohne Knochen
½ l Rotwein
100 ml Rotweinessig
150 g Röstgemüse (Karotten, Zwiebeln, Sellerie und Knoblauch)
3 Lorbeerblätter
8 Wacholderbeeren
15 Pfefferkörner
1 Zweig Rosmarin

3 EL Mehl
Salz, Pfeffer
2 EL Erdnussöl
2 EL Tomatenmark
100 ml Veltliner Rotwein
300 ml Wildjus

Die Rehschulter in etwa 15 g schwere Stücke schneiden. Den Rotwein mit dem Rotweinessig mischen und das Fleisch zusammen mit dem Röstgemüse und den Gewürzen in die Marinade legen. 7 bis 10 Tage im Kühlschrank oder 3 Tage bei Zimmertemperatur beizen.

Das Fleisch und das Gemüse aus der Marinade nehmen und gut abtropfen lassen; mit Haushaltspapier trockentupfen. Von der Marinade 200 ml abmessen und bereithalten.

Das Fleisch mit Mehl bestäuben, mit Salz und Pfeffer würzen und im Erdnussöl anbraten. Das Tomatenmark beigeben und so lange mitrösten, bis es die rote Farbe verloren hat. Das Gemüse aus der Marinade beigeben und mitdünsten. Mit dem Veltliner Rotwein ablöschen und auf einen Viertel einkochen lassen.

Die 200 ml Marinadenflüssigkeit aufkochen, durchpassieren und zusammen mit dem Wildjus zum Fleisch geben. Das Fleisch etwa 1½ Stunden weich schmoren, dann herausheben und warm stellen. Die Sauce durchpassieren und, wenn nötig, noch etwas einkochen lassen. Das Fleisch wieder zurück in die Sauce geben.

Tip: Der Rehpfeffer kann auch mit Schweineblut gebunden werden. Das Gericht kann zusätzlich mit Speck, Pilzen, kurz in Butter gedünsteten geschälten und entkernten Trauben oder Kumquats verfeinert werden. Nach Belieben mit Brotcroûtons garnieren.

Wild-Mixed-Grill auf Rotweinrisotto mit Kastanien und Pilzen

Rotweinrisotto:
1 Schalotte, gehackt
Butter
200 g Risottoreis
½ l Wildconsommé
½ l Rotwein (Bordeaux oder Merlot)
100 g kalte Butter, in Würfel geschnitten
Salz, Pfeffer aus der Mühle

1 Hirschsiedwurst
½ l Wildconsommé
4 Hirschkoteletten à 60 g
4 Rehmedaillons à 40 g
4 Scheiben Rehleber à 40 g
4 Steinbockmedaillons, mit Speck umwickelt, à 40 g
4 Spiesschen mit Gemsfilet oder -rücken à 30 g, in Hoisinsauce (chinesischer Pflaumen-Sojasauce) mariniert
4 Scheiben Kochspeck
Salz, Pfeffer aus der Mühle
Öl zum Braten
80 g Butter
½ TL Rosmarin, gehackt
6 Wacholderbeeren, zerstossen

400 g gemischte Pilze, geputzt
50 g Butter
1 EL gehackte Petersilie

Für den Rotweinrisotto die Schalotte in wenig Butter anbraten, den Reis dazugeben, kurz mit anziehen lassen, dann mit der Wildconsommé aufgiessen. Nach und nach den Rotwein dazugiessen und den Risotto langsam unter ständigem Rühren al dente kochen. Am Schluss die kalten Butterwürfel einarbeiten und den Risotto mit Salz und Pfeffer abschmecken.

Die Hirschsiedwurst in der Wildconsommé etwa 20 Minuten ziehen lassen. Sämtliches Fleisch mit Öl bestreichen, würzen und in der heissen Grillpfanne rosa braten. In einer zweiten Pfanne die Butter mit dem Rosmarin und den Wacholderbeeren aufschäumen lassen und das Fleisch darin kurz wenden. (Die Butter kann nach Belieben durchpassiert und zum Risotto gegeben werden.)

Die Pilze in der Butter kurz anziehen lassen, mit Salz und Pfeffer würzen und mit der gehackten Petersilie bestreuen.

Das Fleisch auf dem Risotto anrichten und mit den Pilzen und nach Belieben glasierten Kastanien und fritierter Petersilie ausgarnieren. (Bild folgende Doppelseite)

Norden
oder
von der
des

Rehpfeffer-Kartoffelkuchen

Den Rehpfeffer, wie auf Seite 74 beschrieben, zubereiten.

Die Kartoffeln kochen und pürieren. Eigelb, Butter und Crème fraîche darunterrühren. Mit Salz, Pfeffer und Muskatnuss würzen.

Die rohen Kartoffelstangen auf dem Gemüsehobel in dünne runde Scheiben schneiden. Die Formen mit Butter ausstreichen und sowohl Boden wie Rand schuppenförmig mit den Kartoffelscheiben auslegen. Die Form zu einem Drittel mit der Kartoffelmasse füllen.

Den feingewürfelten Rehpfeffer in einer Schicht von etwa 1 cm in die Formen füllen und mit der restlichen Kartoffelmasse abdecken. Die Oberfläche mit Kartoffelscheiben belegen und diese mit Butter bestreichen.

Bei 200 °C 15–20 Minuten im Ofen backen. Einige Minuten abkühlen lassen und vorsichtig aus der Form lösen. Den Rest des Rehpfeffers dazu servieren.

Tip: Dieser Kartoffelkuchen kann auch mit einem Ragout fin zubereitet werden.

Für 2 Formen von je 12 cm Durchmesser oder 4 kleine Formen

Rehpfeffer (Rezept Seite 74)

½ kg Kartoffeln
4 Eigelb
3 EL weiche Butter
3 EL Crème fraîche
Salz, Pfeffer
Muskatnuss
5 grosse, geschälte Kartoffeln, zu Stangen von 3–4 cm Durchmesser zurechtgeschnitten
50 g Butter zum Ausstreichen

Was gleicht wohl auf Erden
dem Jägervergnügen?

Friedrich Kind, Der Freischütz

Rehpfeffer-Kartoffelkuchen, mit glasierten Perlzwiebeln und sautierten Pilzen garniert.

Gemspfeffer

800 g Gemsschulter ohne Knochen
½ l Rotwein (Merlot)
100 ml Balsamicoessig
150 g Röstgemüse (Karotten, Zwiebeln, Sellerie und Knoblauch)
2 Lorbeerblätter
1 Zweig Rosmarin
8 Wacholderbeeren
15 Pfefferkörner
3 EL Mehl
Salz, Pfeffer
2 EL Erdnussöl
2 EL Tomatenmark
100 ml Veltliner Rotwein (kräftig)
300 ml Wildjus

Die Gemsschulter in etwa 30 g schwere Stücke schneiden. Den Rotwein mit dem Balsamicoessig mischen und das Fleisch zusammen mit dem Röstgemüse und den Gewürzen in die Marinade legen. 7 bis 10 Tage im Kühlschrank oder 3 Tage bei Zimmertemperatur beizen.

Das Fleisch und das Gemüse aus der Marinade nehmen und gut abtropfen lassen; mit Haushaltspapier trockentupfen. Von der Marinade 200 ml abmessen und bereithalten.

Das Fleisch mit Mehl bestäuben, mit Salz und Pfeffer würzen und im Erdnussöl anbraten. Das Tomatenmark beigeben und so lange mitrösten, bis es die rote Farbe verloren hat. Das Gemüse aus der Marinade beigeben und mitdünsten. Mit dem Veltliner Rotwein ablöschen und auf einen Viertel einkochen lassen.

Die 200 ml Marinadenflüssigkeit aufkochen, durch ein Tuch passieren und zusammen mit dem Wildjus zum Fleisch geben. Das Fleisch etwa 1½ Stunden weich schmoren, dann herausheben und warm stellen. Die Sauce durchpassieren und, wenn nötig, noch etwas einkochen lassen. Das Fleisch wieder zurück in die Sauce geben.

Tip: Traditionell wird der Gemspfeffer immer mit Schweineblut gebunden. Dabei ist zu beachten, dass die Sauce nicht mehr kocht.

Gemspfeffer mit Pizzokel (Rezept Seite 119) und Rosenkohl.

Hirschentrecôte mit Markkruste

Markkruste:
80 g Markbein vom Kalb
1 Eigelb
1 EL gehackte Petersilie
80–100 g helles Paniermehl,
2 EL davon zum Bestreuen
Salz, Pfeffer, Muskatnuss

4 Hirschentrecôtes à 150 g
Salz, Pfeffer aus der Mühle
Erdnussöl zum Braten

Das Mark in dünne Scheiben schneiden, über Dampf leicht erwärmen und durch ein Haarsieb streichen, um sicherzugehen, dass alle Knochensplitter entfernt sind.

Das Mark kurz kühl stellen, bis es wieder fest ist. Anschliessend schaumig rühren, das Eigelb und die gehackte Petersilie und zuletzt das Paniermehl untermischen. Mit Salz, Pfeffer und Muskatnuss würzen.

Die Entrecôtes salzen und pfeffern. Im heissen Öl auf beiden Seiten rosa (à point) braten. Mit der Markmasse bestreichen und mit den zurückbehaltenen 2 EL Paniermehl bestreuen. Im Ofen bei starker Oberhitze kurz Farbe nehmen lassen.

Mit einer kräftigen Rotweinsauce und einer Beilage nach Wahl servieren.

Tip: Statt Entrecôtes auf dieselbe Weise ein ganzes Rückenfilet zubereiten und am Tisch tranchieren.

Wildfleisch-Fondue

pro Person 180 g Wildfleisch
(z.B. Hirsch, Reh, Hase und Steinbock, am besten Filet oder Entrecôte), in Würfel und Scheiben geschnitten
2 l Wildconsommé
2 Wacholderbeeren
1 Zweig Rosmarin
1 Zweig Zitronenthymian
150 g Gemüse (Karotten, Sellerie, Lauch, Schalotten), in Streifen geschnitten
1 EL Gin
1 EL Cognac

Das Fleisch auf einer Platte anrichten.

Die Wildconsommé zusammen mit den Wacholderbeeren, Rosmarin und Thymian aufkochen und sanft köchelnd ziehen lassen. Nach 3 Minuten Wacholder, Thymian und Rosmarin entfernen und die Gemüsestreifen hinzugeben.

Bei Tisch den Gin und den Cognac einrühren. Das Fleisch wie bei einem Fondue chinoise in der Consommé garen.

Dazu eine Auswahl an Saucen reichen, z.B. wie hier Cumberlandsauce, Lebkuchensauce, Feigensauce mit Portwein und Ingwersauce (Rezepte Seite 122–123), Holundergelee und Quittengelee (Rezepte Seite 124). (Bild folgende Doppelseite)

Tip: Als Beilagen passen glasierte Kastanien (Rezept Seite 125), eingemachte Birnen, Essigfrüchte und -pilze (Rezepte Seite 128–129), Preiselbeeren (Rezept Seite 123) und Chutneys.

Hasenpfeffer mit Schokoladensauce

Den Wildhasen in grosse Stücke (Ragoutstücke) teilen. Alle Zutaten zur Marinade mischen und das Fleisch 6 bis 8 Tage darin einlegen. Die Marinade abgiessen, aufkochen, abschäumen und durch ein Tuch sieben.

Das Fleisch mit Haushaltspapier trockentupfen, mit Salz und Pfeffer würzen, mit Mehl bestäuben und zusammen mit dem Gemüse und den Kräutern im heissen Öl anbraten. In einen Schmortopf geben und mit der durchgesiebten Marinade aufgiessen. Im Ofen zugedeckt bei 160 °C weich schmoren.

Die Fleischstücke herausheben, den Wildjus beigeben und auf Saucendicke einreduzieren. Die Sauce durchpassieren und dann die Schokolade einrühren. Dabei darauf achten, dass die Sauce nicht mehr kocht. Nochmals abschmecken und das Fleisch dazugeben.

Tip: Als Einlage oder Garnitur können frische Pilze, Preiselbeeren, geschälte und glasierte Kastanien oder Orangenfilets verwendet werden.

1 Wildhase (ohne Kopf), ausgenommen und abgezogen, von 1 bis 1,2 kg

Marinade:

3/4 l kräftiger Rotwein
150 g Gemüse (Sellerie, Karotten, Lauch), in Würfel geschnitten
2 Schalotten
1 Lorbeerblatt
1 Knoblauchzehe
6 Wacholderbeeren, zerstossen
1 Zweig Rosmarin
1 Zweig Thymian
1/2 TL Pfefferkörner
125 ml Balsamicoessig

Salz, Pfeffer
3 EL Mehl
Öl zum Braten
200 ml Wildjus
150 g Extrabitter-Schokolade (Valrhona)

Hasenpfeffer im Kartoffelpüreering, mit frischen Datteln, Kumquats, Trauben und Sultaninen garniert.

Wildschweingulasch

Das Wildschweinfleisch in gulaschgrosse Stücke von etwa 30 g schneiden.

Das Schweineschmalz zergehen lassen, die Zwiebeln hineingeben, leicht salzen (sie werden so schneller weich) und unter ständigem Rühren rösten, bis sie leicht braun sind. Den Knoblauch hinzufügen, mit dem Weisswein ablöschen und das Paprikapulver beigeben (Paprikapulver darf nicht geröstet werden, sonst schmeckt es bitter). Mit der Wildconsommé aufgiessen und aufkochen lassen.

Das Fleisch, die Lorbeerblätter und die Zitronenschale beigeben, und alles etwa 1½ Stunden sanft schmoren lassen. (Die Sauce sollte durch die Zwiebeln ihre Bindung erhalten.) Wenn das Fleisch weich ist, mit Salz, Pfeffer, Essig und der feingehackten Chilischote abschmecken.

Tip: Für ein klassisches Gulasch wird bis zur doppelten Menge des Fleischgewichtes an Zwiebeln verwendet.

800 g Wildschweinfleisch (Hals oder Schulter)
120 g Schweineschmalz
800 g Zwiebeln, in Würfel geschnitten
2 Knoblauchzehen, gepresst
200 ml Weisswein
120 g Paprikapulver edelsüss (beste Qualität)
1 l Wildconsommé
2 Lorbeerblätter
½ Zitrone, abgeriebene Schale ohne das Weisse
Salz, Pfeffer, Essig
½ frische Chilischote, fein gehackt

Das Jagen würzt den Schlummer,
das Jagen würzt den Wein,
und gegen Liebeskummer
kann auch nichts besser sein.

Franz von Kobell, Wildanger

Wildschweingulasch mit Sauerkrautschupfnudeln (Rezept Seite 116).

Murmeltier-Schmortopf

800 g Murmeltierfleisch mit Knochen ohne Kopf

Marinade:
¾ l kräftiger Rotwein
150 g Wurzelgemüse (Sellerie, Karotten, Lauch), in Würfel geschnitten
2 Schalotten
1 Lorbeerblatt
1 Knoblauchzehe
6 Wacholderbeeren, zerstossen
je 1 Zweig Rosmarin und Thymian
½ TL Pfefferkörner
125 ml Balsamicoessig

Salz, Pfeffer
2 EL Mehl
Öl zum Braten
200 ml Wildjus
1 Orange, Saft
2 EL Gin

Wichtig: Murmeltier muss immer von jeglichem Fett und von den Talgdrüsen befreit werden. Diese befinden sich unter den Achselhöhlen und in der Höhe des Gesässes.

Das Fleisch in grosse Stücke hacken. Alle Zutaten zur Marinade mischen und das Fleisch darin 6 bis 8 Tage einlegen. Die Marinade abgiessen, aufkochen, abschäumen und durch ein Tuch sieben.

Das Fleisch mit Haushaltspapier trockentupfen, mit Salz und Pfeffer würzen, mit Mehl bestäuben und zusammen mit dem Gemüse und den Kräutern im heissen Öl anbraten. Alles in einen Schmortopf geben, mit der durchgesiebten Marinade aufgiessen und zugedeckt bei 160 °C im Ofen weich schmoren.

Das Fleisch herausheben, den Wildjus beigeben und auf Saucendicke einreduzieren. Mit dem Orangensaft und dem Gin abschmecken. Die Sauce, falls gewünscht, durchpassieren. Das Fleisch dazugeben, nochmals aufkochen und servieren.

Marinierte gegrillte Rippchen

Die Rippchen leicht salzen und pfeffern. In eine Kasserolle geben, mit der Wildconsommé aufgiessen und zugedeckt bei mittlerer Hitze etwa 1 Stunde im Ofen garen.

In der Zwischenzeit alle Zutaten zur Marinade mischen.

Die Rippchen aus dem Ofen nehmen, mit der Marinade gut bestreichen und am besten über Holzkohle oder Rebenholz knusprig grillieren.

Tip: Durch das Schmoren im Ofen werden die Rippchen schön weich. Dieses Rezept zeigt, wie Rippchen, die oft als minderwertig verschmäht werden, zu einer wahren Gaumenfreude werden.

800 g fleischige Rippchen vom Reh, Hirsch oder anderem Wild
Salz, Pfeffer aus der Mühle
½ l Wildconsommé

Marinade:
2 EL Honig
2 EL Ketchup
1 TL Senf
4 EL dunkles Bier
2 TL brauner Zucker
4 Gewürznelken
1 Msp. Zimt
1 Msp. gemahlener Ingwer
1 Msp. gehackter Rosmarin
1 Chilischote, fein gehackt

Spiess vom Rehrücken mit luftgetrocknetem Speck und Wiesenchampignons

Die Rehmedaillons etwas klopfen und mit den Speckscheiben umwickeln. Abwechslungsweise mit den Champignons auf Spiesse stecken. Mit Salz und Pfeffer würzen und im heissen Öl rosa braten.

Dazu eine Rahmsauce und eine Beilage nach Wahl reichen.

12 Rehmedaillons à 30 g
12 Scheiben luftgetrockneter Speck ohne Knorpel
8 Wiesenchampignons
Salz, Pfeffer aus der Mühle
Erdnussöl zum Braten

Rehrücken traditionell

1 Rehrücken mit Knochen (etwa 1 kg), pariert und von Häuten und Sehnen befreit
Salz, Pfeffer aus der Mühle
Öl zum Braten
100 g Butter
je 1 Zweig Rosmarin und Thymian
6 Wacholderbeeren, zerstossen

Den Rehrücken vom Mittelknochen lösen, salzen, pfeffern und im heissen Öl kurz auf der Fleischseite anbraten. Wenden und mit der Knochenseite nach unten 10 bis 12 Minuten bei 200 °C im Ofen schmoren. Herausnehmen, die Butter zusammen mit den Kräuterzweigen und den Wacholderbeeren dazugeben und, sobald die Butter aufschäumt, das Fleisch damit gut begiessen. Den Rehrücken etwa 10 Minuten im offenen, abgeschalteten Ofen ruhen lassen; das Fleisch wird dadurch zarter und verliert beim Schneiden keinen Saft. Die Rückenfilets auslösen und in etwa 1 cm dicke Scheiben schneiden.

Tip: Traditionell reicht man dazu eine Wildrahmsauce, Birnen, Preiselbeeren, Orangen- oder Kumquatskompott, glasierte Kastanien, Brokkoli mit Mandeln, Rotkraut, Rosenkohl, Spätzli oder Knödel. (Bild folgende Doppelseite)

Geschnetzeltes vom Rehrücken mit Wacholder-Preiselbeer-Sauce

600 g ausgelöster, von Häuten und Sehnen befreiter Rehrücken (Entrecôte)
Salz, Pfeffer
Öl zum Braten
50 g Butter
1 Msp. gehackter Thymian
1 Msp. gehackter Rosmarin

100 ml Rotwein (Merlot oder Bordeaux)
100 ml Portwein
1 Schalotte, in Scheiben geschnitten
10 Wacholderbeeren, zerstossen
1 Zweig Thymian
3 EL kaltgerührte Preiselbeeren (Rezept Seite 123)
150 ml Wildjus
3 EL geschlagener Rahm
1 EL Gin

Das Rehentrecôte in gleichmässig dünne etwa ½ cm dicke Scheiben schneiden, salzen und pfeffern. Im heissen Öl rundum kurz anbraten, so dass es innen noch blutig ist, auf einem Sieb abtropfen lassen und den Fleischsaft auffangen. Die Butter aufschäumen, Rosmarin und Thymian dazugeben und das Rehfleisch kurz darin wenden.

Für die Sauce Rotwein, Portwein, Schalotte, Wacholderbeeren, den Thymianzweig und 1 EL Preiselbeeren zusammen aufkochen und auf ein Drittel einreduzieren. Die Sauce durch ein Sieb passieren, den Wildjus und den aufgefangenen Fleischsaft dazugeben, nochmals aufkochen lassen, dann durchmixen. Den geschlagenen Rahm und die restlichen Preiselbeeren unterheben. Zum Schluss mit Gin, Salz und Pfeffer abschmecken.

Das Geschnetzelte anrichten und mit der Sauce überziehen.

Geschnetzeltes vom Rehrücken mit Kartoffelgnocchi (Rezept Seite 115), garniert mit einer mit Kürbisgemüse gefüllten Schalotte.

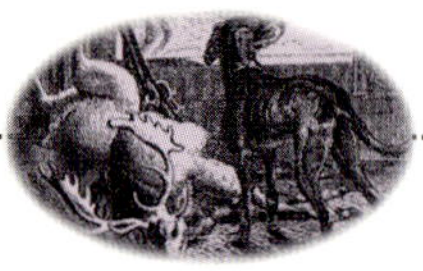

Rehnüsschen mit Engadiner Berghonig gratiniert

Die Rehnüsschen salzen und in heissem Erdnussöl anbraten. Im Ofen bei 200 °C 8 bis 10 Minuten rosa (à point) braten. Kurz ruhen lassen. Die Butter zusammen mit Thymian, Rosmarin und den Wacholderbeeren aufschäumen und die Rehnüsschen darin wenden. Das Fleisch mit dem Honig bestreichen, mit dem geschroteten Pfeffer und dem Paniermehl bestreuen und bei maximaler Hitze auf der obersten Schiene im Backofen kurz gratinieren. Das Fleisch ruhen lassen.

Für die Sauce den Orangensaft und Gin einkochen lassen. Den Wildjus dazugeben, nochmals etwas einkochen. Den Honig beigeben und mit der Butter aufschlagen. Den gehackten Rosmarin dazugeben, und die Sauce mit Salz und Pfeffer abschmecken.

Das Fleisch aufschneiden und zusammen mit der Sauce servieren.

2 Rehnüsschen von etwa 600 g, von Häuten und Sehnen befreit
Salz
Erdnussöl zum Braten
50 g Butter
je 1 Zweig Thymian und Rosmarin
4 Wacholderbeeren, zerstossen
4 EL Honig
2 TL geschroteter schwarzer Pfeffer
4 EL helles Paniermehl

Sauce:
½ Orange, Saft
1 EL Gin
200 ml Wildjus
1 EL Honig
1 EL Butter
½ TL gehackter Rosmarin
Salz, Pfeffer

Ein Jäger, der nicht raucht und trinkt,
und liebt und frohe Lieder singt
und niemals spricht ein Wort Latein,
das kann kein rechter Jäger sein!

Verfasser unbekannt

Gratiniertes Rehnüsschen, dazu Brotauflauf mit Dörrzwetschgen (Rezept Seite 115), sautierte Pilze und Gemüse.

Gefüllte Wildschweinschnitzel

Die Wildschweinschnitzel zwischen Plastikfolie dünn klopfen.

Die Waldpilze zusammen mit den Schalotten in der Butter kurz andünsten, mit Salz und Pfeffer würzen und die gehackte Petersilie untermischen. Die Pilzmischung in ein Sieb geben und den Saft auffangen. Auskühlen lassen. Dann das Eigelb unter die Pilze mischen.

Die Schnitzel mit der Pilzmasse belegen, zusammenklappen und mit einem Zahnstocher verschliessen. Mit Salz und Pfeffer würzen und mit Mehl bestäuben. Im heissen Öl auf beiden Seiten braun braten. Warm stellen.

Das Öl abgiessen. Die Butter, den Rosmarin und den Thymian beigeben und die Schnitzel nochmals kurz darin wenden. Sofort servieren.

Tip: Zu diesen Schnitzelchen schmeckt eine cremige Polenta besonders fein. Mit der braunen Butter, etwas Wildjus und dem zurückbehaltenen Pilzfond begiessen.

8 Wildschweinschnitzel à 60 g
(am besten Rücken oder Bäggli)
200 g Waldpilze, klein geschnitten
2 Schalotten, fein gehackt
30 g Butter
Salz, Pfeffer aus der Mühle
1 EL gehackte Petersilie
1 Eigelb
Mehl zum Bestäuben
Erdnussöl
1 EL Butter
1 Zweig Rosmarin
1 Zweig Thymian

Rehkeule in der Salzkruste

1 kleine Rehkeule von 900 g bis 1 kg
Salz, Pfeffer
Öl zum Braten
50 g Butter
je 1 Zweig Rosmarin und Thymian
5 Wacholderbeeren, zerstossen
ca. 2 kg Meersalz
200 g Eiweiss (von etwa 6–8 Eiern)
6 dünne Scheiben Spickspeck

Die Rehkeule vom Schlussknochen trennen und hohl auslösen. Mit Küchenschnur schön binden (am besten vom Metzger vorbereiten lassen).

Die Rehkeule mit Salz und Pfeffer würzen und im heissen Öl rundum gut anbraten. Das Fett abgiessen, dann die Butter, die Kräuter und Wacholderbeeren dazugeben und die Keule gut mit der aufschäumenden Butter übergiessen. Kurz auskühlen lassen.

Ein Backblech mit Alufolie auslegen. Das Meersalz mit dem Eiweiss gut vermischen und etwa 1½ cm hoch auf das Blech auftragen. Drei Scheiben Spickspeck darauflegen. Die Rehkeule von der Schnur befreien und auf die Speckscheiben legen. Mit den restlichen Speckscheiben abdecken, so dass sie rundum gut umhüllt ist.

Das restliche angerührte Meersalz auf die Rehkeule auftragen, gut andrücken und glattstreichen. Rundherum in etwa 3 cm Höhe eine Kerbe anbringen (dies erleichtert später das Abheben des Deckels der Salzkruste).

Die Rehkeule bei 250 °C etwa 20 Minuten im Ofen backen. Aus dem Ofen nehmen und weitere 15 bis 20 Minuten ruhen lassen. Entlang der Kerbe einschneiden und den Deckel der Salzkruste abheben, die Keule vom Speck befreien und aufschneiden. Anrichten und dazu eine Sauce nach Belieben reichen.

Rehkeule in der Salzkruste mit Bergeller Brotknödeln (Rezept Seite 114), Miniäpfeln (Rezept Seite 125) und glasierten Karotten.

Junggemsmedaillons mit Nusskruste und Holundersauce

Für die Nusskruste die Butter, die Baumnüsse, das Paniermehl, die Petersilie und das Nussöl mischen, mit Salz und Pfeffer abschmecken. Auf ein Stück Alufolie geben, zu einer Rolle formen und, damit sie sich anschliessend dünn aufschneiden lässt, gut durchkühlen.

Für die Sauce den Rotwein auf etwa 2 EL einreduzieren. Den Wildjus und die Holunderlatwerge dazugeben, aufkochen lassen und mit Salz, Pfeffer und Limonen- oder Zitronensaft abschmecken.

Die Gemsmedaillons mit Salz und Pfeffer würzen und im heissen Öl kurz braten, so dass sie innen noch blutig (saignant) sind. Die Butter zusammen mit Rosmarin, Thymian und den Wacholderbeeren aufschäumen lassen und die Medaillons darin wenden. Mit dünnen Scheiben der Nusskrustenmasse belegen und kurz im Ofen gratinieren. Die Medaillons ganz lassen oder halbieren und mit der Holundersauce anrichten.

Nusskruste:
100 g weiche Butter
100 g Baumnüsse, gehackt
50 g helles Paniermehl
2 EL gehackte Petersilie
1 TL kaltgepresstes Nussöl
Salz, Pfeffer aus der Mühle

Holdundersauce:
100 ml Rotwein
100 ml Wildjus
3 EL Holunderlatwerge
Salz, Pfeffer
½ Limone oder Zitrone, Saft

8 Gemsmedaillons à 80 g, von Haut und Sehnen befreit
Salz, Pfeffer aus der Mühle
Öl zum Braten
1 EL Butter
je 1 Zweig Rosmarin und Thymian
2 Wacholderbeeren, zerstossen

Gemsmedaillons mit Nusskruste, dazu Holundersauce und Kartoffel-Kräuter-Roulade (Rezept Seite 117).

Gespickter Hirschbraten mit Sauerrahmsauce

1 kg Hirschfleisch aus der Keule (Bäggli, Eckstück, Nuss)
4–5 Streifen Spickspeck (grüner Speck) von ½ cm Dicke und etwas länger als das Fleischstück
Salz, Pfeffer aus der Mühle
Öl zum Braten
150 g Wurzelgemüse (Karotten, Sellerie, Zwiebel, Lauch), in Würfel geschnitten
50 g Rauchspeck, in Würfel geschnitten
1 EL Tomatenmark
200 ml Rotwein (Merlot oder Bordeaux)
½ l Wildjus
je 1 Zweig Rosmarin und Thymian
6 Wacholderbeeren
1 TL Pfefferkörner
1 Lorbeerblatt
100 g Sauerrahm

Das Hirschfleisch spicken, indem die Speckstreifen mit Hilfe der Spicknadel mit der Faser durch das Fleisch gezogen werden. Darauf achten, dass sie versetzt sind. (Eventuell vom Metzger spicken lassen.)

Das Fleisch würzen und im heissen Öl anbraten. Das Wurzelgemüse und den Rauchspeck beigeben und langsam mitdünsten. Das Tomatenmark einrühren und kurz mitbraten, mit etwas Rotwein ablöschen, die Würzzutaten zugeben und einkochen lassen. Etwas Wildjus zugiessen und wiederum einköcheln lassen. Dies mehrmals wiederholen (es gibt der Sauce eine schöne Farbe). Nach 1½ bis 2 Stunden sollte das Fleisch weich sein. Den Braten herausheben. Den Bratenfond durchpassieren, nochmals aufkochen lassen und abseits vom Herd den Sauerrahm einrühren. Die Sauce nicht mehr kochen lassen, sonst flockt der Sauerrahm aus. Mit Salz und Pfeffer abschmecken.

Den Braten aufschneiden, auf Teller geben und mit der Sauerrahmsauce überziehen.

Gespickter Hirschbraten, dazu Polenta mit Rosinen und Bauern-Rotkraut (Rezepte Seite 118, 119).

Junghirschentrecôte im Pilz-Kräuter-Mantel

Das Hirschentrecôte mit Salz und Pfeffer würzen. Im heissen Öl rundum anbraten, die Butter zugeben und mit den Kräutern und Gewürzen parfümieren. Anschliessend das Fleisch kühl stellen.

Für den Pilz-Kräuter-Mantel das Wildgeflügelfleisch in kleine Würfel schneiden und kurz im Tiefkühler gut durchkühlen (nicht gefrieren lassen!). Die Leber, das Eigelb und den Rahm mischen und ebenfalls durchkühlen. Alles zusammen in der Küchenmaschine zu einer geschmeidigen Masse arbeiten. Am Schluss die gehackten Kräuter beigeben und mit Salz, Pfeffer und Cognac abschmecken. Die Farce sollte einen leichten Glanz haben. ½ Stunde kühl stellen.

Von den Shiitake die Stiele entfernen. Die Pilze bei kleiner Hitze kurz auf beiden Seiten in Olivenöl anbraten.

Für die Trüffelsauce Rotwein, Madeira, die Schalotte und die Trüffelabschnitte aufkochen und auf ein Viertel einreduzieren. Durch ein Sieb passieren, den Wildjus beigeben und nochmals etwas einkochen lassen. Die kalte Butter einrühren, die Trüffelwürfel oder -streifen dazugeben und die Sauce mit Salz, Pfeffer und Cognac abschmecken.

Das Hirschentrecôte auf der Oberseite etwa ½ cm dick mit der Farce bestreichen. Mit den Pilzen belegen. Das gewässerte Schweinsnetz ausdrücken und ausbreiten. Das Hirschentrecôte darin einwickeln. 10 bis 12 Minuten bei 200 °C im Ofen braten. Aus dem Ofen nehmen und kurz ruhen lassen. Das Entrecôte aufschneiden und auf der Trüffelsauce anrichten.

600 g Junghirschentrecôte
Salz, Pfeffer aus der Mühle
Öl zum Braten
1 EL Butter
je 1 Zweig Rosmarin und Thymian
3 Wacholderbeeren, zerstossen

Pilz-Kräuter-Mantel:
80 g Wildgeflügelfleisch
(Ente, Fasan, Wachtel)
40 g Enten- oder Gänseleber
1 Eigelb
80 g flüssiger Rahm
3 EL gehackte Petersilie
je 1 Msp. gehackter Rosmarin und Thymian
Salz, Pfeffer aus der Mühle
1 EL Cognac
8 Shiitake-Pilze oder 4 Steinpilzscheiben, etwa ½ cm dick geschnitten
Olivenöl zum Braten

Trüffelsauce:
100 ml Rotwein
100 ml Madeira
1 Schalotte, in Scheiben geschnitten
Trüffelabschnitte
150 ml Wildjus
1 EL Butter
1 TL Trüffelwürfel oder -streifen
Salz, Pfeffer aus der Mühle
Cognac

1 Schweinsnetz, gewässert

Junghirschentrecôte im Pilz-Kräuter-Mantel auf Trüffelsauce mit Kartoffelkrapfen (Rezept Seite 116) und Wintergemüse.

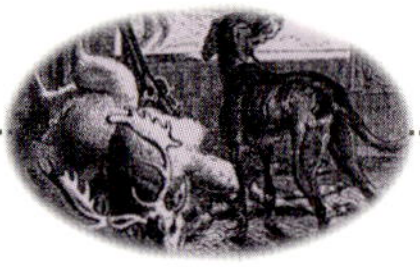

Wildhasenkeule mit Kräuter-Brot-Füllung

Lauch, Schalotte, Rohschinken und Knoblauch in der heissen Butter kurz anziehen lassen. Die Weissbrotwürfel dazugeben und abseits vom Herd mit dem Ei, der gehackten Petersilie, einem Drittel des Thymians, Salz, Pfeffer und Muskatnuss gut vermengen. 5 Minuten ruhen lassen. Die Wildhasenkeule nicht zu prall damit füllen. Das Schweinsnetz ausbreiten, mit einem Drittel des Thymians bestreuen und die Wildhasenkeule darin einwickeln. Bei mittlerer Hitze in heissem Öl langsam etwa 10 bis 12 Minuten garen. Kurz ruhen lassen.

Vor dem Servieren nochmals etwas Butter schmelzen, den restlichen Thymian beigeben und die Keule darin schwenken.

Füllung:
½ Stange Frühlingslauch, fein geschnitten
1 Schalotte, fein geschnitten
5 Tranchen Bündner Rohschinken, fein geschnitten
1 Knoblauchzehe, gepresst
80 g Butter
100 g Weissbrotwürfel
1 grosses Ei
2 EL gehackte Petersilie
1 TL gehackter frischer Bergthymian
Salz, weisser Pfeffer, Muskatnuss

4 Wildhasenkeulen à ca. 180 g, vom Schlussknochen getrennt und hohl ausgelöst

1 Schweinsnetz, gewässert und ausgedrückt
Öl zum Braten
Butter zum Schwenken

Gar treulich liebt der Jägersmann
die lautre Wahrheit dann und wann,
nur ab und zu und hier und da
kommt er der Phantasie zu nah.

Verfasser unbekannt

Wildhasenkeule mit Bohnengemüse.

Beilagen und Gemüse

Butterspätzli

Das Mehl mit Salz, Pfeffer und Muskatnuss in einer Schüssel vermischen. Die Eier mit der Milch verrühren und nach und nach unter das Mehl geben. Gut zu einem festen Teig kneten.

Reichlich Salzwasser zum Kochen bringen. Etwas Spätzliteig auf ein Holzbrettchen geben. Mit einem Palettenmesser glattstreichen, und den Teig in kleinen Streifen über die Kante in das kochende Salzwasser schaben. Die Spätzli einmal überwallen lassen, dann herausheben und mit kaltem Wasser abschrecken. (Der Teig kann auch mit dem Spätzlihobel ins Wasser gerieben werden.)

In einer beschichteten Pfanne die Butter schmelzen und die Spätzli darin goldbraun anbraten. Mit Salz und Pfeffer abschmecken.

250 g Mehl
Salz, Pfeffer aus der Mühle
Muskatnuss
2 Eier
130 ml Milch
Butter zum Braten

Bergeller Brotknödel

Das Brot in einer Schüssel mit Salz, Pfeffer, Muskatnuss und den Kräutern vermischen.

Die Schalotte in der Butter andünsten, die Milch beigeben und leicht erhitzen. Die Eigelbe darunterrühren und alles zu den Brotwürfeln giessen. Ziehen lassen, bis die Flüssigkeit aufgesogen und die Masse abgekühlt ist. Das Eiweiss steif schlagen und vorsichtig darunterziehen.

Ein Stück Alufolie buttern, die Masse daraufgeben und zu einer Rolle formen. In einem Topf Wasser knapp unter dem Siedepunkt (oder im Dämpfeinsatz über leicht köchelndem Wasser) 30 Minuten ziehen lassen. Herausnehmen und erkalten lassen. Vor dem Servieren in Scheiben schneiden und in Butter auf beiden Seiten leicht anbraten.

100 g Weissbrot, in Würfel geschnitten
100 g Laugenbrot, in Würfel geschnitten
Salz, Pfeffer, Muskatnuss
etwas gehackte Petersilie
und Schnittlauch
1 Schalotte, fein geschnitten
1 EL Butter
200 ml Milch
3 Eigelb
3 Eiweiss

Brotauflauf mit Dörrzwetschgen

Das Brot in einer Schüssel mit den Gewürzen und der Petersilie vermischen.

Die Schalotte in der Butter andünsten, die Milch beigeben und leicht erhitzen. Die Eigelbe darunterrühren und alles in die Schüssel zum Brot giessen. Ziehen lassen, bis die Flüssigkeit aufgesogen und die Masse abgekühlt ist.

Das Eiweiss steif schlagen und zusammen mit den kleingeschnittenen Dörrzwetschgen vorsichtig darunterziehen. Die Souffléförmchen ausbuttern und bis zu drei Vierteln der Höhe mit der Masse füllen. Über Dampf oder im Wasserbad etwa 20 Minuten pochieren, bis die Masse fest ist.

Für 10 bis 12 Souffléförmchen

100 g Weissbrot, in Würfel geschnitten
100 g Laugenbrot, in Würfel geschnitten
Salz, Pfeffer, Muskatnuss
1 EL gehackte Petersilie
1 Schalotte, fein gehackt
1 EL Butter
200 ml Milch
3 Eigelb
3 Eiweiss
80 g Dörrzwetschgen, eingeweicht und in Würfel geschnitten

Kartoffelgnocchi

Die Kartoffeln kochen, schälen, durchpassieren und auskühlen lassen. Die Butter darunterrühren und die Eigelbe nach und nach dazugeben. Das Mehl und die Gewürze unterheben und die Masse gut durcharbeiten.

Auf einer bemehlten Fläche zu dünnen Rollen formen, davon mit dem Messer jeweils fingerbreite Stücke abschneiden und über der Rückseite einer Gabel abrollen, um ihnen das Rillenmuster zu geben. Die Gnocchi in kochendem Wasser 1 bis 2 Minuten gar kochen. Mit der Lochkelle herausheben und in heisser Butter schwenken.

Tip: Die Gnocchi können auf vielfältige Art variiert werden, z. B. mit Trüffeln, Morcheln, Tomatensauce, Olivenöl und Basilikum.

800 g mehlige alte Kartoffeln (Bintje)
100 g weiche Butter
4 Eigelb
200 g Mehl
Salz, Pfeffer, Muskatnuss
Butter zum Schwenken

Schupfnudeln

600 g Kartoffeln
50 g Butter
2 Eigelb
100 g Mehl
Salz, Pfeffer, Muskatnuss
Butter zum Schwenken

Die Kartoffeln in der Schale weich kochen, noch heiss schälen, durchpassieren und auskühlen lassen. Die Butter daruntermischen und die Eigelbe nach und nach einarbeiten. Das Mehl und die Gewürze unterheben und die Masse gut durcharbeiten. Auf einer bemehlten Arbeitsfläche zu dünnen Rollen formen, davon mit dem Messer kleine Stücke abstechen und diese mit den Handflächen zu Schupfnudeln (mit spitz zulaufenden Enden) formen. In kochendem Salzwasser 2 bis 3 Minuten garen, mit der Lochkelle herausheben und gut abtropfen lassen. Die Schupfnudeln in Butter schwenken, bis sie eine schöne Farbe haben.

Nach Belieben etwa 70 g gekochtes Sauerkraut mitschwenken. Mit Salz und Pfeffer abschmecken.

Tip: Die Zutaten für den Kartoffelteig sollten alle die gleiche Temperatur haben. Der Teig wird am besten von Hand geknetet; er wird dadurch viel lockerer.

Kartoffelkrapfen

Für 4 bis 6 Personen

350 g Kartoffeln

Brandteig:
125 ml Milch
35 g Butter
Salz, Pfeffer, Muskatnuss
60 g Mehl
2 ganze Eier
Erdnussöl zum Fritieren

Die Kartoffeln kochen, schälen und durchpassieren.

Für den Brandteig die Milch mit Butter, Salz, Pfeffer und Muskatnuss aufkochen. Das Mehl beigeben und mit einem Kochlöffel rühren, bis sich der Teig vom Topfrand löst. Auskühlen lassen, dann die Eier einarbeiten.

Vom Brandteig 100 g abmessen und mit dem Kartoffelpüree vermengen; nochmals würzen. Mit einem Löffel davon kleine Nocken abstechen und im heissen Fett fritieren.

Der restliche Brandteig kann auf ein Backblech aufgespritzt, und im Ofen zu Profiteroles, z.B. für eine Suppeneinlage, gebacken werden. Dabei etwas Wasser in den Ofen spritzen, damit Dampf entsteht.

Tip: Die Kartoffelkrapfen schmecken besonders fein, wenn man der Masse Schinkenwürfel, Maiskörner oder gehackte Kräuter untermengt.

Kartoffel-Kräuter-Roulade

Die Kartoffeln kochen, passieren und erkalten lassen. Mit dem Quark, dem Eigelb, der Butter und den Gewürzen glattrühren. Zuletzt das Mehl einarbeiten. Den Teig am besten von Hand bearbeiten.

Für die Füllung die Schalotte in der Butter kurz anziehen lassen. Den Spinat dazugeben und mitdünsten. Den Rahm dazugeben. Mit den Kräutern, Salz, Pfeffer und Muskatnuss würzen. Kurz durchkochen, dann auskühlen lassen. Das Eigelb unterziehen. Die Masse sollte sehr fein und gut streichbar sein; falls nötig, noch feiner hacken.

Den Kartoffelteig auf einer bemehlten Arbeitsfläche etwa 3 mm dick ausrollen. Die Spinatfüllung gleichmässig etwa 2 mm dick darauf verteilen. Aufrollen und dabei darauf achten, dass keine Hohlräume entstehen. Die Roulade fest in gebutterte Alufolie einschlagen. In leicht kochendem Salzwasser etwa 20 Minuten ziehen lassen. Auskühlen lassen, aufschneiden und die Schnitten in Butter leicht braten.

300–320 g Kartoffeln
1 EL Quark
1 Eigelb
25 g weiche Butter
Salz, Pfeffer, Muskatnuss
70 g Mehl
Mehl zum Ausrollen

Für die Füllung:
1 Schalotte, fein gehackt
1 EL Butter
100 g Blattspinat, fein gehackt
50 ml flüssiger Rahm
1 TL gehackter Basilikum
1 TL gehackte Kräuter (Petersilie, Thymian, Rosmarin)
Salz, Pfeffer, Muskatnuss
1 Eigelb
Butter zum Schwenken

Apfel-Kartoffel-Gratin

Die Schalotte in der Butter anziehen lassen, die Kartoffelscheiben dazugeben, mit der Bouillon aufgiessen und zugedeckt weich dünsten. Die Apfelscheiben beigeben, kurz durchmischen, mit dem flüssigen Rahm aufgiessen und mit Salz und Pfeffer abschmecken.

Die Apfel-Kartoffel-Masse in eine gebutterte Gratinform füllen und im Ofen bei 170 °C so lange backen, bis sie gebunden ist und eine schöne Farbe hat (ca. 20–25 Minuten).

1 Schalotte, in Scheiben geschnitten
1 EL Butter
4 rohe Kartoffeln, geschält und in feine Scheiben geschnitten
100 ml Bouillon (Geflügel oder Rind)
2 Äpfel, geschält und in feine Scheiben geschnitten
150 ml flüssiger Rahm
Salz, Pfeffer aus der Mühle

Polenta mit Rosinen

Die Bouillon mit der Milch und der Butter zum Kochen bringen, den Maisgriess einrühren, aufkochen lassen und zugedeckt abseits vom Herd quellen lassen. Nach etwa 20 Minuten einmal umrühren, dann weitere 20 Minuten ziehen lassen. Am Schluss die eingeweichten Sultaninen oder Rosinen unterheben und mit Salz, Pfeffer und Muskatnuss abschmecken.

¼ l Bouillon
¼ l Milch
1 EL Butter
100 g grober Polenta-Maisgriess (Bramata)
50 g helle Sultaninen oder Rosinen, eingeweicht
Salz, Pfeffer aus der Mühle, Muskatnuss

Polentasoufflé

Die Bouillon mit der Milch und der Butter zum Kochen bringen, den Maisgriess einrühren, aufkochen und abseits vom Herd 30 bis 40 Minuten quellen lassen, bis eine feste Polenta entstanden ist. Auskühlen lassen. Dann mit den Eigelben vermengen und zuletzt das steifgeschlagene Eiweiss unterheben. Mit Salz, Pfeffer und Muskatnuss abschmecken.

Die Souffléförmchen buttern und bis zu drei Vierteln der Höhe mit der Polentamasse füllen. Im Ofen im Wasserbad etwa 20 Minuten garen.

Tip: In die Polenta lassen sich auch sehr gut Rosinen oder kleingeschnittene Dörrzwetschgen einarbeiten.

Für 10 bis 12 Soufflléförmchen

¼ l Bouillon
¼ l Milch
20 g Butter
100 g Polenta-Maisgriess (Bramata)
2 Eigelb
2 Eiweiss, steif geschlagen
Salz, Pfeffer, Muskatnuss

Griessplätzchen

Die Milch mit den Gewürzen und der Butter erhitzen. Den Weizengriess im Strahl in die kochende Milch rühren und 5 bis 10 Minuten zu einer dicken Masse einkochen. Abseits vom Herd die Eigelbe unterrühren, und die Masse auf einem nassen Blech 2 cm dick ausstreichen. Erkalten lassen, dann beliebige Formen (Halbmonde, Rondellen usw.) daraus ausstechen und diese in der erhitzten Butter goldgelb braten.

Tip: Der Masse kann nach Belieben etwas geriebener Käse beigegeben werden.

½ l Milch
Salz, Pfeffer, Muskatnuss
2 EL Butter
110 g Weizengriess
2 Eigelb
30 g Butter zum Braten

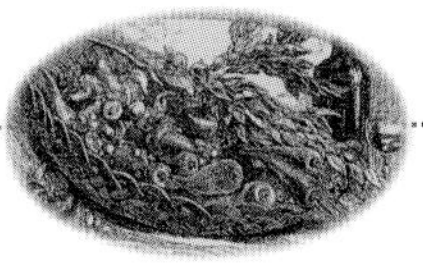

Pizzokel

Den Quark mit den Eiern verrühren, mit Salz, Pfeffer und Muskatnuss würzen. Zum Schluss das Mehl unterheben. Wie Spätzli vom Brett in kochendes Salzwasser schaben. Die gegarten Pizzokel mit der Lochkelle herausheben, abtropfen lassen und kurz in Butter schwenken.

150 g Magerquark
2 Eier
Salz, Pfeffer, Muskatnuss
125 g Mehl
Butter zum Schwenken

Tip: Die Pizzokel können auch als Hauptgericht gegessen werden, dann z. B. mit Pilzen, Rohschinkenstreifen oder Kraut mischen.

Bauernrotkraut

Das Rotkraut mit den Äpfeln, dem Rotwein, Apfelsaft, Essig, Zitronensaft und Reis mischen und mindestens einen Tag ziehen lassen.

Die Schalotten zusammen mit dem Kochspeck in der Butter kurz andünsten, den Zucker und das Rippli beigeben und hell karamelisieren. Dann das marinierte Rotkraut und die Gewürze in einem Säckchen dazugeben. Auf kleiner Flamme zugedeckt weich kochen. (Der Risottoreis gibt dem Kraut die Bindung.) Das Gewürzsäckchen entfernen und das Kraut mit Salz und Pfeffer abschmecken.

Das Rippli nach Belieben aufschneiden und dazu servieren.

600 g Rotkraut, in Würfel geschnitten
100 g Äpfel, fein geraspelt
1/4 l Rotwein
100 ml Apfelsaft
2 EL Champagneressig
2 EL Zitronensaft
1 EL Risottoreis

2 Schalotten, fein gehackt
3 EL Kochspeck, in Würfel geschnitten
70 g Butter
1 TL Zucker
1 geräuchertes Rippli (Kasseler)
4 Wacholderbeeren
1 Lorbeerblatt
1/2 TL weisse Pfefferkörner
1 Zweig Thymian
1 Gewürznelke
Salz, Pfeffer aus der Mühle

Preiselbeer-Rotkraut

Das Rotkraut mit den Marinadenzutaten gut vermengen und einen Tag durchziehen lassen.

Die Schalotte in der Butter andünsten, den Zucker beigeben und leicht karamelisieren. Dann das Rotkraut dazugeben und bei schwacher Hitze weich dünsten. (Der Reis gibt dem Kraut die Bindung und einen schönen Glanz.) Wenn die Flüssigkeit zu rasch verdunstet, Bouillon oder Wasser nachgiessen. Am Schluss mit Salz, Pfeffer und Muskatnuss abschmecken und die Preiselbeeren unterrühren oder auf dem Rotkraut anrichten.

600 g Rotkraut,
in feine Streifen geschnitten

Marinade:
150 g Äpfel, geraspelt
3 EL kaltgerührte Preiselbeeren
(Rezept Seite 123)
2 EL Zitronensaft
1 EL Champagneressig
¼ l Rotwein
100 ml Apfelsaft
100 ml Orangensaft
1 EL Risottoreis
4 Wacholderbeeren, zerstossen
1 Lorbeerblatt
2 Nelken
½ Zimtstange

1 Schalotte, in feine Streifen geschnitten
50 g Butter
2 EL Zucker
Salz, Pfeffer aus der Mühle, Muskatnuss
100 g kaltgerührte Preiselbeeren

Gersten-Sauerkraut

Das Gänsefett erhitzen und die Schalottenscheiben darin kurz andünsten. Die Rollgerste und das Sauerkraut beigeben und mit dem Weisswein ablöschen. Soviel Wasser zugiessen, dass das Kraut gut bedeckt ist. Das Gewürzsäckchen beigeben und das Sauerkraut zugedeckt bei kleiner Flamme kochen lassen. Öfters umrühren.

Die Gerste quillt auf und gibt zugleich eine leichte Bindung. Wenn das Kraut und die Gerste weich sind, mit Salz und Pfeffer abschmecken. Mit dem Honig abrunden.

80 g Gänsefett
2 Schalotten, in Scheiben geschnitten
30 g Rollgerste, eingeweicht
400 g Sauerkraut, roh, gewaschen
¼ l Weisswein
1 Gewürzsäckchen mit 1 Lorbeerblatt,
4 Wacholderbeeren, 10 Pfefferkörnern und
1 Knoblauchzehe
Salz, Pfeffer aus der Mühle
1 TL Honig

Saucen und Eingemachtes

Sauce Cumberland

Für 3 bis 4 Gläser à 200 ml

250 g Preiselbeeren
250 g Johannisbeeren
100 ml Rotwein
3 EL Portwein
100 ml Zitronensaft
100 ml Orangensaft
Zesten von 2 Zitronen und 2 Orangen
1 Msp. Cayennepfeffer
1 Msp. Ingwer
1 gestrichener EL englischer Senf

Die Preiselbeeren und die Johannisbeeren mixen und durchpassieren.

Den Rotwein mit dem Portwein aufkochen und auf die Hälfte einkochen lassen. Den Orangen- und Zitronensaft mit den Zesten ebenfalls auf die Hälfte einreduzieren. Beides mischen, das Beerenpüree beigeben und glattrühren. Mit dem Cayennepfeffer, Ingwer und Senf abschmecken. Einen Tag ziehen lassen, dann in Gläser abfüllen. Die Sauce hält sich gekühlt etwa einen Monat.

Tip: Cumberlandsauce passt zu allen kalten Wildvorspeisen und zu Wildfondue.

Feigensauce mit Portwein

5 reife Feigen
1 Schalotte, fein gehackt
Butter
100 ml Rotwein
50 ml Wildglace (stark einreduzierter Wildjus)
4 EL Portwein
150 ml Kalbsfond
50 g kalte Butter
Salz, Pfeffer aus der Mühle

Die Feigen schälen und in kleine Würfel schneiden.

Die Schalotte in wenig Butter anziehen lassen und etwa zwei Drittel der Feigenwürfel beigeben. Mit dem Rotwein ablöschen und mit der Wildglace, 2 EL Portwein und dem Kalbsfond auffüllen. Auf Saucendicke einköcheln lassen. Die Sauce durchpassieren, den restlichen Portwein beigeben und mit der kalten Butter aufschlagen. Mit Salz und Pfeffer abschmecken und die restlichen Feigenwürfel beigeben.

Lebkuchensauce

100 g Lebkuchen
300 ml Wildfond
50 ml Wildglace
(stark einreduzierter Wildjus)
30 g eiskalte Butter
1 TL Gin
1 TL Cognac
Salz, Pfeffer aus der Mühle

Den Lebkuchen in kleine Würfel schneiden und mit dem Wildfond bei kleiner Hitze langsam auf die Hälfte einköcheln lassen. Die Wildglace beigeben. Die Sauce gut durchmixen und anschliessend durchpassieren. Wieder erwärmen und mit der kalten Butter aufschlagen. Mit Gin, Cognac, Salz und Pfeffer abschmecken.

Diese Sauce passt besonders gut zu allen Wildgerichten.

Ingwersauce

Die Schalotte in etwas Butter anziehen lassen, mit dem Rotwein, Madeira und je der Hälfte des Portweins und Cognacs ablöschen. Mit der Wildglace und dem Kalbs- oder Gemüsefond auffüllen und alles auf Saucendicke einkochen lassen. Durchpassieren und mit der kalten Butter aufschlagen. Den restlichen Cognac und Portwein beigeben, mit dem Ingwer sowie Salz und Pfeffer abschmecken.

1 Schalotte, gehackt
Butter
5 EL (50 ml) Rotwein
4 EL Madeira
2 EL Portwein
2 EL Cognac
5 EL (50 ml) Wildglace
(stark einreduzierter Wildjus)
150 ml Kalbs- oder Gemüsefond
50 g kalte Butter
1 TL frisch geriebener Ingwer
Salz, Pfeffer aus der Mühle

Kaltgerührte Preiselbeeren

Alle Zutaten mischen (sie sollten kalt sein) und unter öfterem Durchrühren (mit dem Kochlöffel, nicht mit dem Schneebesen) 3 bis 4 Stunden ziehen lassen, bis sich der Zucker vollständig aufgelöst hat.

In Gläser abfüllen und kühl lagern. Die Preiselbeeren halten sich 4 bis 5 Wochen.

Für 5 bis 6 Gläser à 200 ml

1 kg Preiselbeeren
½ kg Zucker
55 ml roter Portwein
55 ml Cognac
½ Orange, abgeriebene Schale
½ Zitrone, abgeriebene Schale

Hagebuttensauce

Von den Hagebutten die schwarzen Spitzen entfernen, die Früchte halbieren und mit Weisswein bedeckt etwa 5 Tage ziehen lassen. Mehrmals umrühren. Dann aufkochen und 1 Stunde leicht kochen lassen. Die Hagebutten sollten dabei zerfallen. Durch ein Tuch passieren und dieses gut ausdrücken.

Auf 1 Liter Hagebuttensaft 600 g Zucker und 3–4 EL Zitronensaft geben. Bei grosser Hitze auf die gewünschte Dicke einkochen. Die Sauce kann in Gläser abgefüllt und sterilisiert bis zu einem Jahr aufbewahrt werden.

1 kg Hagebutten, am besten tiefrote, nach dem ersten Frost gepflückt
Weisswein
Zucker
Zitrone

Holundergelee

Für 4 bis 5 Gläser à 200 ml

1 l Holundersaft aus ca. 2 kg reifen entstielten Beeren
730 g Zucker
1 Zitrone, Saft

Die Beeren je nach Reife direkt auspressen oder kochen und anschliessend auspressen.

Alle Zutaten mischen und bei hoher Hitze rasch unter ständigem Rühren einkochen. Zur Probe: Taucht man einen Kochlöffel in die Masse, sollte sich ein Tropfen daran bilden. Das Gelee heiss in Gläser abfüllen und sterilisieren.

Tip: Verwenden Sie einen hohen Topf, da die Flüssigkeit stark schäumt.

Bergthymiangelee

Für 4 bis 5 Gläser à 200 ml

3 Apfelquitten
1 l Wasser
$\frac{1}{2}$ l Apfelsaft
$\frac{1}{2}$ l Apfelmost
500 g Zucker
20 g Bergthymianblüten

Die Apfelquitten abreiben und in Schnitze schneiden. Mit dem Wasser, dem Apfelsaft und dem Most aufkochen und so lange kochen, bis die Quitten weich sind. Über Nacht stehen lassen.

Die Flüssigkeit durchpassieren und die Quitten gut ausdrücken. Den Zucker beigeben und bei starker Hitze einkochen, bis sich am Löffel ein Tropfen bildet. Die Bergthymianblüten dazugeben und etwa 20 Minuten darin ziehen lassen. Nochmals durchpassieren, heiss in Gläser füllen und sterilisieren.

Quittengelee

Für 4 bis 5 Gläser à 200 ml

$1\frac{1}{2}$–2 kg Quitten, je nach Reife
730 g Zucker
3–4 EL Zitronensaft

Die Quitten gut bürsten und vierteln. Mit Wasser bedeckt weich kochen und über Nacht stehen lassen. Anschliessend den Saft durch ein Tuch passieren, und das Quittenpüree gut ausdrücken. Einen Liter Quittensaft abmessen.

Den Quittensaft mit Zucker und Zitronensaft mischen, rasch aufkochen und einreduzieren, bis sich am Kochlöffel ein Tropfen bildet und das Quittengelee eine goldgelbe Farbe hat. Heiss in Gläser abfüllen und sterilisieren.

Glasierte Kastanien

Den Zucker hellbraun karamelisieren, die Butter dazugeben, kurz verrühren. Das Wasser und den Kalbsjus zugiessen. Mit einer Prise Salz würzen und den Sellerie beigeben. So lange kochen lassen, bis sich der Zucker aufgelöst hat und die Flüssigkeit auf zwei Drittel einreduziert ist.

Die Kastanien beigeben, einmal aufkochen und dann etwa 20 Minuten darin ziehen lassen.

Die Kastanien in Einmachgläser abfüllen.

Für 4 bis 5 Gläser à 200 ml

160 g Zucker
20 g Butter
120 ml Wasser
2 EL Kalbsjus
Salz
1 kleine fingerdicke Scheibe Knollensellerie, am Stück
400 g Kastanien, geschält

Kumquats-Kompott

Die Kumquats halbieren, entkernen und kurz blanchieren.

Die übrigen Zutaten miteinander vermischen, aufkochen, die blanchierten Kumquats beigeben und etwa 15 Minuten darin köcheln lassen. In Gläser abfüllen und sterilisieren.

Für 4 bis 5 Gläser à 200 ml

600 g Kumquats
70 g Zucker
200 ml Wasser
200 ml Weisswein
1 kleines Stück Zimtstange
2 Gewürznelken

Eingemachte Minibirnen oder Miniäpfel

Die Birnen oder Äpfel schälen und, damit sie sich nicht verfärben, in Salz- oder Essigwasser legen. Aus den übrigen Zutaten einen Kochsud herstellen.

Die Birnen oder Äpfel halbieren, das Kerngehäuse entfernen und die Früchte in den kochenden Sud geben. Zugedeckt bei kleiner Hitze weich kochen.

Die Früchte in Gläser abfüllen und sterilisieren.

4 kleine Minibirnen (Williams) oder Miniäpfel (Jonathan)
200 ml Wasser
200 ml trockener Weisswein
80 g Zucker
2 Gewürznelken
½ Zimtstange
½ Vanilleschote
½ Zitrone, in Scheiben geschnitten

Essigzwetschgen

Für den Sud Zucker, Essig, Rotwein und die geviertelten Zwetschgen mischen und 5 Tage ziehen lassen. Mehrmals umrühren. Den Sud zusammen mit der Zimtstange und den Nelken aufkochen und anschliessend durch ein Sieb passieren.

Die ganzen Zwetschgen mit einem Tuch abreiben und mit einer Nadel rundherum einstechen. In ein Gefäss geben und mit dem heissen Sud übergiessen. 24 Stunden ziehen lassen. Dann die Zwetschgen in Einmachgläser schichten.

Den Sud nochmals aufkochen, darübergiessen und sterilisieren. Damit sich der Geschmack entwickeln kann, die Zwetschgen vor der Verwendung mindestens 1 Monat stehen lassen.

Für 5 bis 6 Gläser à 200 ml

365 g Zucker
½ l Essig (5%)
¼ l Rotwein (Merlot)
½ kg Zwetschgen, geviertelt, entsteint
1 Zimtstange
2 Nelken

1 kg Fellenberg-Zwetschgen, ganz

Essigpilze

Die Pilze in kochendem Wasser einmal überwallen, dann kalt abschrecken. Gut abtropfen lassen und anschliessend in Einmachgläser füllen.

Alle Zutaten zum Essigsud mischen, einmal aufkochen und über die Pilze giessen, so dass sie davon bedeckt sind. Je 1 EL Olivenöl und ein Thymianzweiglein dazugeben, die Gläser verschliessen und sterilisieren.

Tip: Den Pilzen kann auch noch gekochtes Gemüse wie z. B. Karotten, Peperoni (Paprika) oder Essiggurken beigegeben werden. So entsteht eine hübsche bunte Mischung, die sich als originelles Geschenk eignet.

Für 4 bis 5 Gläser à 200 ml

1 kg Pilze (Pfifferlinge, Steinpilze, Morcheln, Austernpilze, Stockschwämmchen oder andere Speisepilze), geputzt

Sud:
½ l Essig (mindestens 7%)
¼ l Wasser
100 g Zucker
½ TL Salz
1 Lorbeerblatt
3 Wacholderbeeren
½ TL Senfkörner
3 Scheiben Meerrettich
1 EL Kresse
1 Dillstengel
10 Pfefferkörner

Olivenöl
4–5 Zweige Thymian

Essigfrüchte

Für 5 bis 6 Gläser à 200 ml

6 Aprikosen
4 Pflaumen
2 Birnen
10 frische kleine grüne Feigen
¼ Ananas
½ l Champagner- oder Obstessig
375 ml Wasser
625 g Rohrzucker
4 Gewürznelken
½ TL Korianderkörner
2 Scheiben frischer Ingwer
1 unbehandelte Zitrone,
in Scheiben geschnitten

Die Früchte waschen und abtropfen lassen. Die Aprikosen und Pflaumen halbieren und den Stein entfernen. Die Birnen schälen, halbieren oder vierteln und das Kerngehäuse entfernen. Die Feigen mit einer Nadel rundherum einstechen. Die Ananas schälen und in schöne Stücke schneiden. Alles in eine grosse Schüssel geben.

Den Essig und das Wasser mit dem Zucker, den Nelken, dem Koriander und Ingwer aufkochen und 5 bis 10 Minuten kochen lassen. Die Früchte mit dem Essigsud übergiessen und darauf achten, dass sie gut bedeckt sind. 4 bis 5 Tage ziehen lassen.

Die Früchte satt in Einmachgläser füllen. Den Sud nochmals aufkochen und über die Früchte giessen, je eine Zitronenscheibe dazulegen. Die Gläser verschliessen und sterilisieren.

Tip: Für eine optimale Geschmacksentwicklung mindestens 1 Monat stehen lassen.

Bockbieressig

1 l dunkles Bockbier
200 g flüssiger Malzextrakt
(bei Brauereien erhältlich)
1 Essigmutter

Das Bockbier mit dem Malzextrakt mischen, in ein Glas füllen und die Essigmutter dazugeben. Das Glas mit Haushaltspapier und einem Gummiring verschliessen und an einem ruhigen Ort bei Zimmertemperatur lagern. Je nach Temperatur und Jahreszeit dauert der Gärvorgang 1½ bis 3 Monate. Es sollte sich dabei eine neue Essigmutter bilden. Danach filtrieren und wie einen normalen Essig verwenden.

Talvo-Zielwasser für Jäger

5 l Kornbrand (40°)
7 TL Fenchelsamen
4 TL Anissamen (Sternanis)
1 TL Kümmel
50 g Honig
2 Orangen, die Schale in Streifen abgeschnitten
3 Zitronen, die Schale in Streifen abgeschnitten

Den Kornbrand zusammen mit den Fenchel- und Anissamen, dem Kümmel und dem Honig in eine Korbflasche füllen. Die Zitronen- und Orangenschalenstreifen in ein Tuch binden und beigeben. Nach 4 Tagen das Säckchen entfernen und den Rest nochmals 2 Tage ziehen lassen (insgesamt 6 Tage). Durchpassieren, in Flaschen abfüllen und sehr kalt als Digestif servieren.

Grundrezepte

Heller Wildfond

Die Knochen zerkleinern und mit dem Öl im Ofen bei 180 °C 15 Minuten rösten, das Gemüse dazugeben und alles so lange weiterrösten, bis es eine schöne Farbe hat. Das Fett abgiessen, die Knochen und das Gemüse mit dem Weisswein ablöschen, dann alles in einen Topf geben und mit soviel Wasser auffüllen, dass die Knochen gut bedeckt sind. Die übrigen Würzzutaten beigeben und alles 2 Stunden leicht köcheln lassen; falls nötig etwas Wasser nachgiessen. Durch ein Tuch passieren und auskühlen lassen.

Für 1½ Liter Fond

1½ kg Wildknochen
Öl zum Braten
300 g Wurzelgemüse
(Karotten, Sellerie, Schalotten, Lauch), grob geschnitten
300 ml Weisswein
ca. 3 l Wasser
1 Lorbeerblatt
5 Wacholderbeeren
Pfefferkörner
Zitronen- und Orangenzesten

Brauner Wildfond

Die Knochen und Fleischabschnitte bei mittlerer Hitze im Ofen hellbraun rösten.

Das Gemüse zusammen mit dem Tomatenmark in einer Pfanne rösten. Mit der Hälfte des Rotweins ablöschen und diesen vollständig einkochen. Nochmals mit dem restlichen Wein ablöschen, wiederum einkochen lassen und zu den Knochen geben. Mit zwei Liter Wasser aufgiessen und dieses erneut einkochen lassen. Das restliche Wasser dazugeben, langsam aufkochen, abschäumen und leicht sieden lassen. Nach etwa 2 Stunden die Würzzutaten beigeben und nochmals 1 Stunde leicht köcheln lassen.

Den Fond durch ein Leinentuch passieren. Mit Gin, Cognac, Salz und Pfeffer abschmecken.

Tip: Brauner Wildfond eignet sich hervorragend als Basis, z.B. als Aufguss für Wildbraten, für Wildragout oder Wildgulasch.

Für 2½ Liter Fond

3 kg Wildknochen und -abschnitte, klein gehackt
1 kg Wildgeflügelknochen, klein gehackt
1 kg Kalbsfüsse, klein gehackt
250 g Karotten, klein gewürfelt
250 g Zwiebeln, klein gewürfelt
100 g Sellerie, klein gewürfelt
2 EL Tomatenmark
1 l Rotwein
6–7 l Wasser oder Wildconsommé
1 Lorbeerblatt
1 TL Pfefferkörner
1 TL Wacholderbeeren, zerstossen
je 1 Zweig Rosmarin und Thymian
4 EL Gin
4 EL Cognac
Salz, Pfeffer aus der Mühle

Wildjus

Das Wildfleisch salzen und pfeffern und rundherum im heissen Öl anbraten. Das Gemüse beigeben und mitrösten. Mit einem Liter Wildfond ablöschen und einkochen lassen. Den restlichen Wildfond nach und nach angiessen und einkochen lassen, bis das Fleisch weich ist.

Das Fleisch herausnehmen und warm halten. Den Fond durch ein Sieb passieren und auf etwa einen Liter einreduzieren.

Den Rotwein mit den übrigen Würzzutaten, dem Gin und dem Cognac auf 100 ml einkochen. Durchpassieren, zum einreduzierten Wildfond geben und das Ganze nochmals um die Hälfte einkochen lassen. Mit Salz und Pfeffer abschmecken.

Das Fleisch aufschneiden und mit dem Wildjus servieren.

Anmerkung: Die Herstellung eines Wildjus ist sehr zeitaufwendig. Um einen guten Jus zu erhalten, sollte man beim Einreduzieren nur auf kleiner Hitze arbeiten und den Fond immer wieder abschäumen. So erhält der Jus einen schönen Glanz und Geschmeidigkeit.

Tip: Der Jus kann auch als Grundsauce verwendet und mit verschiedenen Zutaten wie Butter, Orangenjus, geschlagenem Rahm oder Preiselbeeren verfeinert werden.

Für ½ Liter Jus

2 kg Wildfleisch für Braten
Salz, Pfeffer aus der Mühle
Erdnussöl zum Braten
100 g Karotten, klein gewürfelt
100 g Zwiebeln, klein gewürfelt
50 g Sellerie, klein gewürfelt
4 l brauner Wildfond

½ l Rotwein
1 Lorbeerblatt
5 Wacholderbeeren, zerstossen
10 Pfefferkörner
je 1 Zweig Rosmarin und Thymian
50 g Pilzabschnitte oder 2 getrocknete Morcheln
2 EL Gin
2 EL Cognac

Wildconsommé

Die Wildfleischabschnitte und das Wurzelgemüse durch die grobe Scheibe des Fleischwolfs drehen. Mit dem Eiweiss, dem Salz und den Eiswürfeln gut vermischen und durchkühlen lassen.

Die Masse zum Wildfond geben und unter vorsichtigem Rühren zum Kochen bringen. Etwa ½ Stunde ziehen lassen, nach etwa 20 Minuten die Kräuter beigeben. Die Consommé sollte nun geklärt sein. Vorsichtig durch ein Tuch passieren und mit Salz und Pfeffer abschmecken.

Für 1 Liter Consommé

300 g Wildfleischabschnitte ohne Fett
100 g Wurzelgemüse (Petersilienwurzel, Karotten, Schalotte, Lauch)
2 Eiweiss
1 Prise Salz
100 g Eiswürfel
1½ l heller Wildfond, kalt
je 1 Zweig Thymian und Rosmarin
Salz, Pfeffer aus der Mühle

Desserts

Warme Birnentarte mit Schokoladensorbet

Sorbet:
200 ml Wasser
80 g Zucker
1 Prise Zimt
2 gehäufte EL Kakao
½ Vanilleschote
80 g Edelbitter-Couverture, fein gehackt

Birnentarte:
200 g Blätterteig
50 g Rohmarzipan
2 EL Williamsbirnengeist
3 EL Walnusskerne, fein gehackt
4 reife Williamsbirnen
Zimt und Zucker zum Bestreuen
Mandelblättchen zum Garnieren

Für das Sorbet das Wasser mit Zucker, Zimt, Kakao und der Vanilleschote aufkochen. Die Vanilleschote aufschlitzen, das Mark auskratzen und zur Sorbetmasse geben. Die feingehackte Couvertüre unterrühren. Die Masse abkühlen lassen und vor dem Gefrieren durch ein feines Haarsieb streichen. Im Tiefkühler unter öfterem Umrühren 2–3 Stunden gefrieren lassen.

Den Ofen auf 200 °C vorheizen. Den Blätterteig dünn ausrollen. Vier flache kleine Kuchenförmchen leicht buttern und mit dem Teig auslegen. Die Teigböden goldgelb blindbacken.

Das Rohmarzipan mit dem Williamsgeist und den gehackten Walnüssen vermengen und in einer dünnen Schicht auf den gebackenen Teigböden verteilen.

Die Birnen schälen, entkernen und in dünne Scheiben schneiden. Kreisförmig auf die Teigböden legen, mit etwas Zimtzucker bestreuen und in der Mitte des Backofens etwa 15 Minuten backen.

Besonders fein schmeckt die Tarte, wenn man sie vor dem Servieren mit etwas Puderzucker bestäubt und auf der obersten Schiene des Backofens kurz karamelisiert.

Die Birnentarte mit Schokoladensorbet anrichten.

Tip: Eine besondere Garnitur sind Birnenchips. Dazu Birnen auf dem Gemüsehobel hauchdünn schneiden. Auf ein Backpapier legen, mit Puderzucker bestäuben und über Nacht bei maximal 80 °C im Ofen goldgelb trocknen.

Birnentarte mit Schokoladensorbet, garniert mit einem Hippenring, Calvadossauce und Früchten.

Heiss-kalter Feigengratin mit Sauerrahmeis

Das Sauerrahmeis, damit es sehr hart durchfriert, am besten am Vortag zubereiten.

Den Zucker mit dem Wasser zu einem Sirup kochen. Erkalten lassen. Den Halbrahm mit dem Zuckersirup, dem Honig und Zitronensaft glattrühren, eine Prise Salz beigeben. Die Masse in der Eismaschine (Sorbetiere) cremig gefrieren. Dann 2 cm dick in vorgekühlte Gratinförmchen streichen und anschliessend tiefkühlen.

Die Feigen in dünne Scheiben schneiden, mit etwas Zimt und Zucker bestreuen und beiseite stellen. Für die Gratinmasse die Eigelbe zusammen mit Zucker, Wasser und Kirschwasser im etwa 70 °C heissen Wasserbad unter ständigem Schlagen erwärmen. Anschliessend in einem Eiswasserbad kaltschlagen. Zuletzt den geschlagenen Rahm und das Kirschwasser unterheben.

Die Feigen fächerförmig auf die gestürzten Sauerrahmeisköpfchen legen, mit Gratinmasse bedecken und auf der obersten Schiene des Backofens kurz goldgelb gratinieren. Das Eis sollte dabei fest bleiben. Sofort servieren.

Tip: Sehr fein schmecken die Feigen, wenn man sie in etwas kräftigem Rotwein mariniert.

Für 4 bis 6 Personen

Sauerrahmeis:
200 g Zucker
100 ml Wasser
650 g saurer Halbrahm
1 EL Honig
3 Zitronen oder Limonen, Saft
1 kleine Prise Salz

Gratin:
6–8 schöne, reife Feigen
Zimt, Zucker
6 Eigelb (120 g)
75 g Zucker
2 EL kaltes Wasser
1 EL Kirschwasser
3 EL geschlagener Rahm
1 EL Kirschwasser

Quarkknödel mit Holunderkompott

Für die Knödel das Weissbrot in kleine Würfel schneiden. Die Butter mit dem Puderzucker, dem Mark der Vanilleschote, der abgeriebenen Zitronen- und Orangenschale und dem Salz schaumig schlagen. Dann nach und nach die Eigelbe und anschliessend die ganzen Eier einrühren. Den Quark darunterschlagen, die Brotwürfel unterheben und die Masse zugedeckt 4 bis 6 Stunden im Kühlschrank ruhen lassen.

Inzwischen für das Kompott den Zucker in einem Topf karamelisieren, mit Wasser und Rotwein ablöschen, die Gewürze und die Zitronenscheibe beigeben und alles um etwa ein Drittel einkochen. Für ein etwas stärker gebundenes Kompott das Cremepulver in etwas Wasser auflösen, dem Fond beigeben und unter ständigem Rühren etwa 2 Minuten durchkochen. Die gut abgetropften Holunderbeeren zum Fond geben, noch einmal kurz aufkochen und dann abkühlen lassen.

Aus der Quarkmasse Knödel formen und diese vorsichtig in kochendes Salzwasser gleiten lassen. Das Wasser noch einmal kurz aufkochen lassen, dann den Topf vom Feuer ziehen, zudecken und die Knödel 15 bis 20 Minuten ziehen lassen.

Die Butter aufschäumen, die Briochebrösel, den Zucker, die gemahlenen Nüsse und den Honig beigeben und bei mässiger Hitze goldbraun rösten. (Aufpassen, dass es nicht anbrennt.) Vor dem Servieren mit etwas Zimt abschmecken.

Die Knödel mit der Lochkelle vorsichtig aus dem heissen Wasser heben und auf Teller legen. Die heissen Butterbrösel darübergeben und das warme Holunderkompott dazu servieren.

Tip: Das Holunderkompott eignet sich auch hervorragend als Beilage zu herbstlichen Wildgerichten. Möchte man es auf Vorrat herstellen, füllt man das heisse Kompott in verschliessbare Gläser und sterilisiert sie.

Für 4 bis 6 Personen

Quarkknödel:
280 g frisches Weissbrot ohne Rinde
80 g Butter
90 g Puderzucker
1 Vanilleschote
je 2 gewaschene Zitronen und Orangen, abgeriebene Schale
1 Prise Salz
4 Eigelb (80 g)
3 Eier (150 g)
800 g fester Magerquark (nassen Quark über Nacht im Passiertuch abtropfen lassen)

Kompott:
120 g Zucker
100 ml Wasser
125 ml Rotwein
1/4 Zimtstange
1 Gewürznelke
1 Zitronenscheibe
evtl. 1 EL Cremepulver
500 g entstielte Holunderbeeren, gewaschen
220 g Butter
150 g trockener Brioche oder Biskuit, grob gemahlen
60 g Zucker
4 EL fein gemahlene Haselnüsse oder Mandeln
1 EL gemahlene Walnüsse
1 TL Honig
1 Msp. Zimt

Maronencreme mit Whisky und Weichselsorbet

Das Mandelbiskuit, wie im Rezept Seite 160 beschrieben, backen. Beiseite stellen.

Für die Maronencreme das Püree glattrühren. Die weisse Couvertüre im Wasserbad bei 40 °C schmelzen, dann mit dem Schwingbesen unter das Püree rühren. Die Gelatine ausdrücken und in einem kleinen Topf mit dem Whisky auflösen. Zügig unter das nicht zu kalte Püree schlagen. Etwas abkühlen lassen.

Den Rahm schlagen. Das Eigelb mit dem Schwingbesen oder dem Handrührgerät schaumig schlagen, bis es hell wird. Behutsam unter den geschlagenen Rahm ziehen und diesen vorsichtig mit einem Spatel unter die leicht abgekühlte Creme heben. (Die Creme sollte nicht wärmer als Körpertemperatur sein, jedoch auch nicht so stark abgekühlt, dass die Gelatine schon völlig abgebunden hat.)

Portionenförmchen oder kleine Ringe bereitstellen. Aus dem Mandelbiskuit Rondellen in der entsprechenden Grösse ausstechen und je eine in die Förmchen legen. Diese zur Hälfte mit Maronencreme füllen, mit einer weiteren Biskuit-Rondelle abdecken. Zucker, Wasser und Whisky zu einem Sirup rühren und die zweite Biskuitschicht damit tränken. Mit Maronencreme auffüllen, mit dem Palettenmesser glattstreichen und etwa 1 Stunde kühl stellen. Stürzen und erneut kühl stellen.

Für das Sorbet aus dem Zucker und dem Wasser einen Sirup herstellen. Das Weichselpüree mit dem Sirup, dem Wasser und dem Kirschwasser kurz aufkochen, durch ein feines Haarsieb passieren, abkühlen lassen und anschliessend in der Eismaschine gefrieren.

Das Sorbet nach Belieben in einem Hippenkörbchen (Rezept Seite 160) anrichten und garnieren.

Tip: Übriggebliebenes Mandelbiskuit lässt sich sehr gut (flach auf Backpapier oder zu einer Roulade aufgerollt) einfrieren.

Mandelbiskuit (siehe Rezept Seite 160)

Maronencreme:
150 g Maronenpüree
50 g weisse Couverture
1½ Blätter Gelatine (3 g), eingeweicht
1–2 EL Whisky
175 ml Rahm
1 Eigelb

50 g Zucker
50 ml Wasser
25 ml Whisky

Sorbet:
75 g Zuckersirup aus 50 g Zucker und 25 ml Wasser
250 g Weichselpüree von frischen oder tiefgefrorenen Früchten
75 ml Wasser
50 ml Kirschwasser

Maronencreme und Weichselsorbet im Hippenkörbchen, garniert mit einem Bäumchen aus Hippenmasse und fritiertem Nudelteig.

Beaujolais-Granité

Die Orange waschen und in Scheiben schneiden, mit der Vanilleschote, der Zimtstange, der Zitronenmelisse, dem Zucker und dem Wasser aufkochen. Das Himbeerpüree und den Rotwein beigeben, alles durch ein feines Haarsieb passieren und abkühlen lassen.

Die Flüssigkeit etwa einen Finger hoch in ein Blech mit Rand giessen und gefrieren lassen. Von Zeit zu Zeit das angefrorene Granité mit dem Schneebesen vom Blech lösen; dies so oft wiederholen, bis die gesamte Masse gleichmässig stückig gefroren ist.

Das Granité in vorgekühlte Gläser geben und sofort servieren.

Tip: Dieses Granité eignet sich hervorragend als leichter Zwischengang zu Wildgerichten.

Granité:
1 unbehandelte Orange
½ Vanilleschote
½ Zimtstange
1 Zweig Zitronenmelisse
180 g Zucker
200 ml Wasser
70 g Himbeerpüree aus frischen Beeren
1 Flasche Beaujolais (0,7 l)

Beaujolais-Granité, in einer Schale aus Eis mit darin eingelegten Rosenblättern serviert.

Schokoladenvariationen

Für 8 bis 10 Personen, jedes einzelne reicht für 4 Personen

Schokoladensoufflé:

100 g Butter
5 Eigelb (100 g)
1 gehäufter EL Zucker
1 EL Rum
½ Vanillestange, ausgekratztes Mark
70 g Couverture, bitter
100 g Haselnüsse, geröstet und gemahlen
3 EL Kakao
Salz, Zimt
3 Eiweiss (100 g)
60 g Zucker

Weisses Parfait:

3 Eigelb (60 g)
80 g Zucker
200 g weisse Couverture
330 ml Rahm
1 Eiweiss (30 g)
3 EL Grand Marnier

Mousse:

2 Eigelb (40 g)
1 EL Zucker
160 g bittere Couverture
330 ml Rahm
2 Eiweiss (60 g)
1 EL Zucker

Für das Soufflé die Butter schaumig schlagen. Eigelbe, Zucker, Rum und Vanille nach und nach beigeben und einarbeiten.

Die Couverture im Wasserbad auflösen und unter die Buttermischung rühren. Die gemahlenen Nüsse mit dem Kakao, Salz und Zimt mischen und unterheben. Das Eiweiss mit dem Zucker zu Schnee schlagen und vorsichtig unter die Masse heben.

Die Masse in gebutterte, mit Zucker ausgestreute Soufflèförmchen füllen und im Wasserbad bei etwa 170 °C 25 bis 30 Minuten garen lassen. Falls das Soufflé zu stark bräunt, mit Alufolie abdecken.

Für das Parfait die Eigelbe mit zwei Dritteln des Zuckers schaumig schlagen. Die Couverture im Wasserbad schmelzen. Den Rahm schlagen und kühl stellen. Das Eiweiss mit dem restlichen Zucker steif schlagen.

Das schaumiggeschlagene Eigelb behutsam unter die flüssige Schokolade heben. Dann mit dem Schneebesen den geschlagenen Rahm und zuletzt den Eischnee unterziehen. Mit Grand Marnier abschmecken. Die Masse in eine Form giessen und durchfrieren lassen.

Das Mousse auf die gleiche Art herstellen wie das Parfait, jedoch nicht tiefkühlen, sondern im Kühlschrank durchkühlen lassen. Das Mousse kann in Förmchen abgefüllt oder ausgestochen werden.

Das Mousse ausstechen oder aus dem Förmchen lösen und auf den Teller geben. Das gestürzte oder aufgeschnittene Parfait etwas antauen lassen und dazustellen (es sollte nicht zu hart, sondern halbgefroren sein). Zum Schluss das warme Soufflé auf dem Teller anrichten und das Ganze nach Belieben mit Früchten (passend zum Herbst Preiselbeer- oder Heidelbeerkompott, Salat von Orangen und Mandarinen) ausgarnieren.

Heidelbeer-Dessert mit Mandeleis

Für 6 bis 8 Portionen,
jedes einzeln für 4 Personen

Mandeleis:
120 g Mandeln, gehobelt
270 ml Milch
70 g Zucker
1 EL Glukose (Stärkesirup aus der Apotheke oder vom Konditor)
1 Prise Salz
2 Eigelb (40 g)
2 gestrichene EL Zucker
120 ml flüssiger Rahm

Mousse:
350 g Heidelbeeren
80 g Zucker
200 g eiskalter Rahm
80 g Zuckersirup aus 55 g Zucker und 25 ml Wasser
2½ EL Cognac
2½ Blätter Gelatine (5 g), eingeweicht
4 EL Heidelbeerlikör
50 g Gelierzucker

Küchlein:
60 g Butter
60 g Zucker
50 g Eiweiss (von ca. 2 Eiern)
1 gehäufter EL Mehl
3 EL fein geriebene weisse Mandeln
1 TL Rum
1 TL Honig
50 g Heidelbeeren

Für das Mandeleis den Ofen auf 220 °C vorheizen. Die gehobelten Mandeln auf ein Blech geben und im Ofen gleichmässig bräunen; dabei darauf achten, dass sie auf gar keinen Fall zu dunkel (und damit bitter) werden.

Die Milch aufkochen, die gerösteten Mandeln beigeben. Abseits vom Herd eine Stunde ziehen lassen. Die Mandelmilch durch ein feines Passiersieb giessen und die Mandeln gut auspressen. Die Mandelmilch wieder auf 270 ml auffüllen. Zucker, Glukose und Salz beigeben und nochmals aufkochen.

Die Eigelbe mit dem Zucker schaumig schlagen. Die heisse Milch in dünnem Strahl einlaufen lassen und die Masse im heissen Wasserbad zur Rose kochen, das heisst erhitzen, bis sie auf dem Kochlöffel leicht angedickt liegenbleibt (beim Daraufblasen bilden sich Ringe). Anschliessend im Eiswasserbad kaltrühren, den Rahm beigeben und die Masse in der Eismaschine gefrieren lassen.

Für die Mousse die Heidelbeeren mit dem Zucker aufkochen und anschliessend durchpassieren (dies sollte 240 g Heidelbeermark ergeben). Den Rahm mit dem Zuckersirup mit dem Schwingbesen oder dem Rührgerät leicht schlagen, bis sich feine Spitzen bilden. Kühl stellen.

Den Cognac leicht erwärmen und die ausgedrückte Gelatine darin auflösen. Zwei Drittel des Heidelbeermarks (160 g) und den Heidelbeerlikör mischen und die angerührte Gelatine zügig darunterschlagen. Zuletzt den geschlagenen Rahm unterheben und die Masse in die vorbereiteten Förmchen füllen. 1 Stunde tiefkühlen.

Für die Glasur das restliche Heidelbeermark mit dem Gelierzucker einmal kurz aufkochen und dann mit Frischhaltefolie abgedeckt beiseite stellen. Vor dem Anrichten die Mousse damit überglänzen.

Für das Küchlein die Butter goldgelb bräunen und sofort im Eiswasserbad kaltrühren. Sie sollte kühl, aber noch flüssig sein. Den Zucker mit dem Eiweiss glattrühren, dabei nicht schaumig werden lassen. Das Mehl, die Mandeln, den Rum und den Honig vorsichtig darunterrühren. Zuletzt die abgekühlte flüssige Butter dazugeben. Die Masse in kleine gebutterte Förmchen füllen. Die Heidelbeeren darauf verteilen und die Küchlein im Ofen bei 190 °C goldgelb backen.

Klassisch sticht man von der Mousse und dem Eis schöne Nocken ab und richtet diese zusammen mit dem Heidelbeerküchlein und einigen Beeren schön an.

Champagnersuppe mit Weintrauben und Chibouste-Törtchen

Für 4 bis 6 Personen

Champagnersuppe:
200 g Weisswein
100 ml Wasser oder weisser Traubensaft
150 ml Zuckersirup aus 100 g Zucker und 50 ml Wasser
1/4 unbehandelte Zitrone
1/2 Vanillestange
600 g blaue Trauben, halbiert
4 Blätter Gelatine (8 g), in kaltem Wasser eingeweicht
200–250 ml Champagner
200 g gemischte Weintrauben, entkernt und gehäutet

Chibouste-Creme:
300 g italienische Meringue (siehe Rezept Seite 161)
60 g Püree aus frischen oder tiefgefrorenen schwarzen Johannisbeeren
60 ml Cassislikör
2 Zitronen, Saft
125 g Crème fraîche
5 Eigelb (100 g)
2 gestrichene EL Zucker
2–3 EL (20 g) Cremepulver
2 Blätter Gelatine (4 g), eingeweicht

Weisswein, Wasser (oder Traubensaft), Zuckersirup, Zitrone und Vanillestange zusammen aufkochen. Die halbierten Trauben beigeben und an einem warmen Ort 4 bis 6 Stunden ziehen lassen. Anschliessend durch ein Passiertuch giessen und 1 Stunde abtropfen lassen.

Die Suppe leicht erwärmen, die aufgelöste Gelatine beigeben und im Eiswasserbad kaltrühren, bis sie, ohne Klümpchen zu bilden, bindet. Zuletzt den Champagner beigeben.

Die Meringue, wie auf Seite 161 beschrieben, zubereiten.

Für die Creme das Johannisbeerpüree zusammen mit dem Likör, dem Zitronensaft und der Crème fraîche aufkochen. Eigelb, Zucker und Cremepulver glattrühren und mit einem Drittel des heissen Johannisbeerfonds vermischen. Nach und nach den restlichen Fond darunterrühren und bei mässiger Hitze kochen, bis die Creme auf dem Löffelrücken liegenbleibt (beim Daraufblasen bilden sich Ringe). Die eingeweichte Gelatine ausdrücken und unter die heisse Creme schlagen.

Die noch heisse Creme zügig, aber mit grosser Sorgfalt unter die italienische Meringue heben.

In Förmchen oder Ringe füllen und 1 Stunde im Kühlschrank oder 30 Minuten im Tiefkühler stocken lassen.

Die Champagnersuppe in tiefen Tellern anrichten. Die entkernten, gehäuteten Trauben kreisförmig darum herum anordnen. Die Chibouste-Törtchen vorsichtig stürzen und in die Mitte setzen.

Schokoladentorte mit Wildpreiselbeeren und Kirschwasser

Für 1 Torte von 26 cm Durchmesser

Schokoladenbiskuit (2 Bleche):
8 Eier (400 g)
200 g Zucker
1 Prise Salz
160 g Mehl
6 gestrichene EL Kakao

Buttercreme:
2 Eier (100 g)
50 g Puderzucker
1 Prise Salz
200 g Butter, weich

Peiselbeerkompott:
250 g Preiselbeeren, geputzt
70 g Zucker
1 EL Weisswein

70 ml Kirschwasser
2 EL Zucker
150 ml Wasser
250 g Bitterschokolade

Den Ofen auf 230 °C vorheizen. Zwei Backpapiere von 60×40 cm oder auf Blechgrösse zuschneiden.

Die Eier zusammen mit dem Zucker und dem Salz im Wasserbad (45 °C) schlagen, bis sich der Zucker völlig aufgelöst hat. Mit dem Handrührgerät oder in der Küchenmaschine kaltschlagen. (Beim Herausziehen des Rührbesens sollten sich zarte Spitzen bilden.) Das Mehl und den Kakao zusammensieben und sofort behutsam, aber zügig unter die Eiermasse heben. Die Masse etwa 1,5 cm dick auf das Backpapier streichen und 8 bis 10 Minuten backen. Nach dem Backen das Biskuit sofort mit dem Papier vom Blech gleiten lassen und an einem nicht zu warmen Ort beiseite stellen.

Für die Buttercreme die Eier mit dem Puderzucker und dem Salz, wie für das Biskuit beschrieben, aufschlagen und dann kaltrühren. Die Butter mit dem Handrührgerät schaumig schlagen, bis sie weiss wird. (Beide Massen sollten beim Mischen die gleiche Temperatur haben.) Ein Drittel der Eigelbmasse kräftig unter die Butter rühren. Dann die restliche Eigelbmasse behutsam unterheben, so dass die Creme nicht an Volumen und Leichtigkeit verliert. An einem nicht zu kalten Ort beiseite stellen.

Für das Kompott die Preiselbeeren mit dem Zucker und dem Weisswein einmal kurz aufkochen. Vom Feuer nehmen, mit dem Mixstab fein pürieren und bis zum Gebrauch kühl stellen.

Aus dem Biskuit mit Hilfe des Tortenrings einen Boden ausstechen. Diesen dünn mit Buttercreme bestreichen. Das restliche Biskuit ganz leicht mit etwas Stärkepuder bestäuben und auf die Arbeitsfläche stürzen; das Papier abziehen. Die Buttercreme maximal 2 mm dick gleichmässig auf das Biskuit streichen (dabei die Creme nicht zu sehr in die Poren drücken). Das pürierte Kompott gleichmässig über der Creme verteilen. Das Biskuit in 5 cm breite Streifen schneiden und diese auf dem runden Biskuitboden von der Mitte ausgehend fortlaufend zu einer Spirale legen; bündig mit dem Rand des Biskuitbodens abschliessen. Das Kirschwasser mit dem Zucker und dem Wasser mischen und gut erwärmen. Mit einem Pinsel sorgfältig auf der Torte verteilen. Eine Stunde kühl stellen.

Die Torte mit der restlichen Buttercreme bestreichen und mit Schokoladenspänen verzieren oder hauchdünn mit flüssiger Schokolade übergiessen.

Kühl gelagert hält sich die Torte 4 bis 5 Tage.

Tip: Übriggebliebenes Biskuit kann getrocknet und für verschiedenes anderes Gebäck verwendet werden. Diese Torte ist äusserst leicht und bekömmlich. Zucker und Butter sind auf das Minimum reduziert, dies erfordert jedoch sehr viel Gefühl bei der Herstellung.

Orangentorte mit Bitterschokolade

Für 1 Torte von 20 cm oder 10 Förmchen von 6 cm Durchmesser

Mandelbiskuit (siehe Rezept Seite 160)

Schokoladencreme:
50 ml Rahm
120 g Couverture extra bitter, klein gehackt
160 ml Rahm, geschlagen

Orangen-Zucker-Sirup:
100 ml Wasser
50 g Zucker
Zesten von 1 Orange, blanchiert

Orangencreme:
170 g italienische Meringue (Rezept siehe Seite 161)
200 ml Rahm
4–5 unbehandelte Orangen, Saft (160 ml) und abgeriebene Schale
4 Blätter Gelatine (8 g), eingeweicht
1 Zitrone, Saft

Glasur:
200 ml Orangensaft
100 g Gelierzucker
1 Zitrone, Saft

Den Ofen auf 220 °C vorheizen. Das Mandelbiskuit, wie auf Seite 160 beschrieben, zubereiten. Mit dem Tortenring oder kleinen Ringförmchen daraus den Boden ausstechen und einen Streifen von 3 cm Breite für den Rand schneiden. Die Form damit auslegen. Beiseite stellen.

Für die Schokoladencreme den flüssigen Rahm handwarm erwärmen. Die Couverture im Wasserbad schmelzen. Den erwärmten Rahm zügig darunterrühren. Etwas abkühlen lassen, dann zunächst einen Drittel und schliesslich den Rest des geschlagenen Rahms unterheben. Die Creme sofort bis auf die halbe Höhe in die ausgelegte Tortenform füllen und glattstreichen.

Für den Orangen-Zucker-Sirup das Wasser, den Zucker und die Orangenzesten aufkochen und etwa 10 Minuten leicht köcheln lassen. Aus dem Mandelbiskuit einen weiteren Boden ausstechen, auf die Schokoladencreme legen, mit dem Sirup beträufeln und kühl stellen.

Für die Orangencreme eine italienische Meringue zubereiten, wie im Rezept Seite 161 beschrieben. Den Rahm steif schlagen und kühl stellen. Die Hälfte des Orangensafts mit der ausgedrückten Gelatine auf maximal 40 °C (handwarm) erwärmen. Den restlichen Orangensaft und den Saft der Zitrone beigeben und alles zügig, aber sorgfältig unter die Meringuemasse mischen. Den geschlagenen Rahm behutsam unterheben und die Masse rasch auf den zweiten Tortenboden füllen. Mit einem glatten Messer oder einem Palettenmesser glattstreichen.

Die Torte 1 Stunde in den Tiefkühler oder 2 bis 3 Stunden in den Kühlschrank stellen.

Für die Glasur den Orangensaft auf die Hälfte einkochen. Den Gelierzucker unter ständigem Rühren einrieseln und 2 Minuten weiterköcheln lassen. Beiseite stellen und abkühlen lassen. Wenn das Gelee handwarm ist, durch ein feines Sieb streichen und die Torte damit gleichmässig dünn bestreichen. Fest werden lassen und dann den Ring lösen.

Die Torte nach Belieben dekorieren, z. B. mit Orangenjulienne und Schokoladenblättchen.

Reineclauden-Torte

Für 1 Kuchen von 28 cm Durchmesser

300 g Auslegeteig oder Blätterteig (Rezept Seite 158, 159)
etwas Mehl zum Ausrollen
etwas Butter für die Form
800 g Reineclauden
80 g Zucker
Zimt
180 g Konditorcreme (Rezept Seite 161)
70 g Biskuitbrösel, fein gerieben
50 g Aprikosenmarmelade
frische geröstete gehobelte Mandeln

Den Backofen auf 220 °C vorheizen. Den Teig mit etwas Mehl 3 bis 4 mm dick ausrollen. Die Backform buttern, mit dem Teig auslegen und diesen mit den Fingern so hochdrücken, dass ein kleiner Rand entsteht; den Rand mit einem Messer einkerben. Die ausgelegte Form etwa 30 Minuten im Kühlschrank ruhen lassen.

Die Reineclauden waschen, halbieren und den Stein entfernen. Mit der Schnittfläche nach oben auf ein Backblech legen, mit etwas Zimt und dem Zucker bestreuen und etwa 5 Minuten im Ofen vorbacken. Die Reineclauden aus dem Ofen nehmen, den abgesetzten Saft auffangen.

Die Konditorcreme gleichmässig auf dem Tortenboden verstreichen. Die feingeriebenen Biskuitbrösel darauf verteilen und die Reineclauden mit der Schnittfläche nach unten dicht nebeneinander auflegen. Die Torte im auf 170 °C vorgeheizten Ofen 40 Minuten backen. Aus dem Ofen nehmen und etwa 20 Minuten auskühlen lassen, dann den Ring abnehmen, und die Torte vorsichtig auf ein Kuchengitter gleiten lassen.

Für die Glasur die Aprikosenmarmelade kurz aufkochen, den Saft von den Reineclauden untermischen, und die Früchte damit überglänzen. Mit Mandelblättchen bestreut servieren.

Pflaumenkuchen mit Butterstreusel

Für 1 Kuchen von 28 cm Durchmesser

150 g Hefeteig (Rezept Seite 159)
150 g Mürbteig 1:2:3 (Rezept Seite 158)
800 g Pflaumen
80 g Marzipanmasse
1 Eigelb (20 g)
50 g geröstete geriebene Baumnüsse
2 EL Zwetschgenwasser
50 g Biskuitbrösel, fein gerieben
evtl. 60 g Zucker
220 g Butterstreusel (Rezept Seite 162)

Hefeteig und Mürbteig, wie auf Seite 158 und 159 beschrieben, zubereiten. Von jedem Teig 150 g abwiegen und sorgfältig miteinander verkneten; beiseite stellen.

Die Pflaumen halbieren, vom Stein lösen und die halben Pflaumen nochmals jeweils bis zur Hälfte einschneiden. Den Ofen auf 220 °C vorheizen.

Den Teig nicht dicker als 3 mm ausrollen. Die Kuchenform mit etwas Butter ausstreichen und sorgfältig mit dem Teig auslegen.

Das Marzipan mit dem Eigelb, den Nüssen und dem Zwetschgenwasser zu einer glatten, streichfähigen Masse arbeiten. Die Masse gleichmässig auf dem Teig verstreichen; dies dient dazu, die Poren des Teigs zu verschliessen, damit er nicht vom Saft der Pflaumen durchnässt wird. Die feingeriebenen Biskuitbrösel gleichmässig darauf verteilen und anschliessend die Pflaumen sternförmig dicht darauf anordnen.

Falls nötig (bei festen Früchten), die Pflaumen mit Zucker bestreuen. Mit dem Butterstreusel bedecken, und den Kuchen auf der mittleren Schiene im Ofen bei 170 °C 40 Minuten backen. Den Pflaumenkuchen vor dem Servieren mit etwas Puderzucker bestäuben und nach Wunsch mit Schlagrahm garnieren.

Karamelisierter Gewürz-Apfelkuchen

Für 1 Kuchen von 28 cm Durchmesser und 4–5 cm Höhe

400 g Mürbteig (Rezept Seite 158, 159)

Füllung:
8–10 mittelgrosse Äpfel, am besten Cox Orange oder Boskop
1 Zimtstange
Muskatnuss
schwarzer Pfeffer, grob gemahlen
150 g Zucker
100 g Butter
500 ml Rahm
2 Eier (100 g)
3 Eigelb (60 g)

Den Mürbteig zubereiten. Etwa 1 Stunde kühl stellen.

Den Teig ausrollen. Eine Springform buttern, mit dem Teig auslegen und etwa 1 Stunde oder über Nacht ruhen lassen. Anschliessend bei 200 °C 12 bis 15 Minuten blindbacken.

Die Äpfel schälen, vierteln und das Kerngehäuse entfernen. Ein Drittel der Apfelviertel mit etwa 100 ml Wasser, der Zimtstange und einer Prise frischgeriebener Muskatnuss weich dünsten. Mit drei Umdrehungen aus der Pfeffermühle abschmecken, gut abtropfen lassen und auf dem vorgebackenen Mürbteig verteilen. Den Fond beiseite stellen.

Zucker und Butter zu einem goldgelben Karamel kochen. Die restlichen Apfelviertel hineingeben und vorsichtig darin wenden. Sie sollten weich werden und von goldgelbem Karamel überzogen sein, aber immer noch Biss haben.

Unter den Fond vom Dünsten der Äpfel den Rahm, die Eier und Eigelbe schlagen und mit einer Prise Salz und Muskatnuss abschmecken. Beiseite stellen.

Die karamelisierten Apfelstücke kreisförmig auf die pochierten Äpfel in die Springform legen, mit dem Guss bedecken und im Ofen bei 180 °C 35 bis 40 Minuten backen. Die Füllung ist gar, wenn ein in die Mitte gestochenes Messer oder Holzstäbchen glatt wieder herauskommt.

Der Apfelkuchen schmeckt am besten warm.

Hinten karamelisierter Gewürz-Apfelkuchen,
vorne Pflaumenkuchen mit Butterstreusel (Rezept Seite 153).

Überbackene Beeren

600 g Beeren (Blaubeeren, Himbeeren, Johannisbeeren usw.)

Gratinmasse:
250 g Magerquark
3 EL (25 g) Vanillecremepulver
2–3 EL Puderzucker
3 Eigelb
1 EL Rum
½ Zitrone, abgeriebene Schale
2 Eiweiss
50 g Zucker

Den Ofen auf maximale Oberhitze vorheizen.

Die Beeren waschen, falls nötig halbieren und auf vier Suppenteller verteilen.

Für die Gratinmasse den Magerquark, das Cremepulver, den Puderzucker, die Eigelbe, den Rum und die Zitronenschale gut verrühren. Das Eiweiss mit dem Zucker steif schlagen und unter die Quarkmischung heben.

Die Gratinmasse auf die Beeren verteilen und bei starker Oberhitze im Ofen gratinieren, bis sie eine schöne Farbe hat. Sofort servieren.

Tip: Als Überraschung kann noch auch eine Kugel Vanilleeis unter der Gratinmasse versteckt werden. Dafür die geformten Eiskugeln zuvor eine halbe Stunde in den Tiefkühler geben.

Teige, Cremen, Hilfsmittel

Blätterteig

Für 1 kg Teig

450 g Mehl
1 TL Salz
170 ml Wasser
2 EL Weissweinessig
40 g weiche Butter
etwas Mehl zum Ausrollen
360 g kalte Butter

Das Mehl sieben und mit der Hand durch kreisende Bewegungen eine Vertiefung bilden. Alle übrigen Zutaten ausser der Butter hineingeben und alles zu einem glatten, geschmeidigen Teig verarbeiten. Den Teig zu einer Kugel formen, mit dem Messer über Kreuz einschneiden, damit er sich entspannen kann, und abgedeckt 2 bis 3 Stunden in den Kühlschrank legen.

Die Butter am besten zwischen zwei Stück Klarsichtfolie etwas flach rollen. Den Teig so gross ausrollen, dass man die Butter gleichmässig darin einschlagen kann. Für eine Stunde in den Kühlschrank legen; Butter und Teig erhalten so dieselbe Temperatur.

Anschliessend den Teig mit der darin eingeschlagenen Butter behutsam zu einem Rechteck von etwa 70×40 cm ausrollen. Die beiden Enden so übereinanderschlagen, dass drei Schichten entstehen. Dies ist die erste Tour. Das Auswallen und Zusammenschlagen noch fünfmal wiederholen (insgesamt 6 Touren); den Teig nach jeder Tour ruhen lassen, damit er sich entspannt. Satt in Folie eingewickelt, hält sich der Teig 3 bis 4 Tage im Kühlschrank oder über 4 Wochen im Tiefkühler.

Vor dem Backen das ausgerollte Teigstück sich nochmals 30 Minuten an einem kühlen Ort entspannen lassen.

Tip: Damit der Teig schön aufgeht, ist es empfehlenswert, beim Backen etwas Dampf zuzugeben. Dazu zu Beginn etwa 50 ml Wasser in den heissen Ofen giessen.

Mürbteig 1:2:3

Für etwa 700 g Teig (etwa 2 Kuchenformen)

100 g Zucker
200 g Butter, weich
1 Prise Salz
abgeriebene Schale von ½ Zitrone
1 Ei (50 g)
300 g Mehl

Den Zucker mit der weichen Butter, dem Salz und der Zitronenschale in einer Schüssel mischen. Das Ei beigeben und alles zu einer cremigen Masse rühren. Das Mehl sieben und langsam einarbeiten, bis ein glatter, geschmeidiger Teig entstanden ist (nicht länger als nötig kneten). Den Teig portionsweise in Klarsichtfolie wickeln. Vor dem Weiterverarbeiten mindestens 6 Stunden kühl stellen.

Tip: Der Teig lässt sich sehr gut auf Vorrat herstellen und problemlos über vier Wochen im Tiefkühler lagern. Wichtig ist allerdings, dass er von Hand zubereitet wird.

Anmerkung: Der Zusatz «1:2:3» bezeichnet das Verhältnis der Zutaten: 1 Teil Zucker, 2 Teile Butter, 3 Teile Mehl.

Mürbteig oder Auslegeteig

Für etwa 480 g Teig (1 grosse Kuchenform)

250 g Mehl
160 g Butter, weich
1 Ei (50 g)
2 Prisen Zucker
1 Prise Salz
1 EL Milch

Das Mehl auf die Arbeitsfläche sieben und in die Mitte eine Mulde drücken. Die Butter in kleine Stücke schneiden und mit dem aufgeschlagenen Ei, dem Zucker, dem Salz und der Milch in die Mulde geben. Alles zu einem glatten Teig verarbeiten. In Klarsichtfolie wickeln und mindestens für 1 Stunde in den Kühlschrank legen.

Der Teig eignet sich hervorragend für klassische Tortenböden und Obstkuchen (Wähen).

Tip: Dieser Teig kann auch in allen entsprechenden Rezepten statt Blätterteig verwendet werden. Es empfiehlt sich, den Teig in der Form nochmals etwa 2 Stunden ruhen zu lassen. Dabei entspannt er sich und zieht sich beim Backen weniger zusammen.

Hefeteig

220 ml Milch
500 g Mehl
35 g Hefe
60 g Zucker
60 g weiche Butter
½ TL Salz
1 Ei (50 g)
etwas abgeriebene Zitronenschale

Die Milch gut handwarm erwärmen und die Hefe darin auflösen. Das Mehl sieben und soviel Mehl unter die Milch rühren, dass ein weicher Teig entsteht. Mit Klarsichtfolie abgedeckt, an einem warmen Ort gehen lassen.

Das restliche Mehl mit Zucker, Butter, Salz und dem Ei in eine Schüssel geben.

Hat der Vorteig sein Volumen verdoppelt, diesen zu den übrigen Zutaten in die Schüssel geben und mit den Knethaken der Küchenmaschine oder von Hand zu einem glatten Teig kneten. Der Teig muss sich vom Rand der Schüssel lösen.

Den Teig nach Rezept weiterverarbeiten. Allfällige Reste in Stücke teilen und zu Zöpfen flechten oder zu kleinen Brötchen formen. Bei 200 °C mit Dampf anbacken und bei 180 °C fertigbacken.

Tip: Man kann den Hefeteig auch mit der gleichen Menge Mürbteig vermengen. Der Teig lässt sich in Portionen abpacken und je nach Bedarf als Auslegeteig für Obstkuchen (z. B. mit frischen Pflaumen oder Aprikosen) verwenden.

Mandelbiskuit

Für etwa 1 kg Teig
oder 3 Formen von 24 cm Durchmesser

200 g fein geriebene weisse Mandeln
190 g Puderzucker
5 Eier (250 g)
2 Eigelb (40 g)
5 Eiweiss (150 g)
1 gehäufter EL (25 g) Zucker
40 g Butter, flüssig
60 g Mehl
1 Prise Salz

Den Ofen auf 230 °C vorheizen.

Die Mandeln mit dem Puderzucker mischen, die Eier und Eigelbe beigeben, und die Masse mit dem Handrührgerät etwa 10 Minuten schaumig schlagen. Beiseite stellen.

Das Eiweiss schlagen, bis es schaumig ist, dann den Zucker hinzufügen und auf höchster Geschwindigkeit weiterschlagen, bis der Eischnee sein maximales Volumen erreicht hat. (Er sollte fest, aber nicht flockig sein.)

Die flüssige Butter mit einem Spatel unter die Mandelmasse heben, das Mehl darübersieben und unterheben. Den Eischnee vorsichtig, aber zügig unter die Masse ziehen.

Den Biskuitteig etwa 5 mm dick auf ein gebuttertes, leicht bemehltes Pergamentpapier aufstreichen und bei 230 °C im Ofen 5 bis 6 Minuten backen. Mit der Messerspitze oder einem Stäbchen prüfen, ob er durchgebacken ist.

Tip: Um ein optimales Ergebnis zu erhalten, sollte dieser Biskuit nicht in kleinerer Menge hergestellt werden. Er lässt sich sehr gut einfrieren und vielseitig verwenden, z. B. als Tortenboden oder als Zwischenlage für Cremeschnitten.

Hippenmasse

Für ca. 25 Hippen

100 g weiche Butter
½ Vanilleschote, Mark
1 Prise Zimt
1 Prise Salz
75 g Puderzucker
3 Eiweiss (100 g)
75 g Kristallzucker
100 g Mehl

Die weiche Butter mit Vanillemark, Zimt, Salz und dem Puderzucker schaumig schlagen. Das Eiweiss schlagen; sobald es Volumen bekommt, den Zucker einrieseln lassen. Den Eischnee abwechselnd mit dem Mehl unter die Buttermasse arbeiten.

Den Ofen nun auf 190 °C vorheizen. Die Masse mit Hilfe einer Schablone (z. B. einem Kunststoffdeckel) zu dünnen runden Böden auf ein Backpapier aufstreichen und im Ofen backen, bis sie leicht Farbe bekommen haben. Abkühlen lassen und ein zweites Mal in den Ofen schieben, bis sie goldbraun sind. Noch warm in eine beliebige Form (z. B. Kaffeetasse, Schale) legen, um ihnen eine Tulpenform zu geben, oder über ein Rundholz zu Hohlhippen rollen.

Konditorcreme

Crème pâtissière

Für ca. 3 Kuchen von 28 cm Durchmesser

½ l Milch
½ Vanilleschote
80 g Zucker
4 Eigelb (80 g)
3 EL (30 g) Cremepulver
oder Weizen- oder Maisstärke

Die Milch in einen Topf geben. Die Vanilleschote der Länge nach aufschlitzen und das Mark auskratzen. Mark und Schote zusammen mit der Hälfte des Zuckers zur Milch geben und aufkochen.

Die Eigelbe mit dem Cremepulver und dem restlichen Zucker schaumig schlagen. Die kochende Milch unter ständigem Rühren in das aufgeschlagene Eigelb laufen lassen. Alles noch einmal kräftig aufkochen. Die Creme mit einer Folie abdecken, diese mehrmals einstechen, damit der Dampf entweichen kann, und kühl stellen.

Tip: Um sicherzugehen, dass man eine glatte Creme erhält, diese durch ein Sieb passieren.

Italienische Meringue

300 g Zucker
80 ml Wasser
6 Eiweiss (180 g)

Den Zucker mit dem Wasser in einen Topf mit doppeltem Boden oder einen Kupfertopf geben und bei mittlerer Hitze unter öfterem Umrühren zum Kochen bringen. Den sich bildenden Schaum von der Oberfläche abschöpfen. Den Rand des Topfes immer wieder mit einem in kaltes Wasser getauchten Pinsel abwaschen, damit sich keine Zuckerkristalle bilden können. Die Hitze so stark erhöhen, bis der Sirup kräftig kocht. Das Zuckerthermometer in den Sirup tauchen, um die Temperatur abzulesen.

Wenn der Zuckersirup eine Temperatur von 110 °C erreicht hat, das Eiweiss in der Küchenmaschine steif schlagen. Sobald der Zuckersirup 121 °C hat, den Topf vom Herd nehmen und im kalten Wasserbad kurz abschrecken. Die Küchenmaschine zum Schlagen des Eiweisses nun auf die langsamste Stufe zurückschalten, und den Zuckersirup in einem dünnen Strahl beigeben. Darauf achten, dass der Sirup nicht die Wand der Rührschüssel oder den Besen berührt, da er sonst sofort daran klebenbleibt. Die Masse langsam weiterschlagen, bis sie vollständig abgekühlt ist.

Die Meringue lässt sich in einem luftdicht verschlossenen Gefäss mehrere Tage im Kühlschrank aufbewahren.

Tip: Diese Masse eignet sich hervorragend zum Gratinieren von Beeren-, Rhabarber- und anderen Obstkuchen sowie zur Herstellung von Meringueschalen.

Butterstreusel

Butter und Zucker zusammen mit Salz, Zimt und der Zitronenschale glattarbeiten. Das Mehl über die Buttermasse sieben. Nun zwischen den Handflächen das Mehl mit der Butter verreiben und zwar nur so lange, bis das Mehl gebunden ist, nicht aber zu einem Teig wird.

Den Streusel auf ein Blech streuen und zugedeckt im Kühlschrank aufbewahren oder in entsprechenden Gefässen tiefkühlen.

Tip: Butterstreusel schmeckt wunderbar auf Pflaumen- oder Aprikosenkuchen.

Für ca. 620 g Streusel

165 g Butter
150 g Zucker
1 Prise Salz
1 Prise Zimt
½ unbehandelte Zitrone, abgeriebene Schale
300 g Mehl

Orangenzesten

Die Orangen waschen und trockentupfen. Mit dem Sparschäler schälen, dabei darauf achten, dass nichts von der weissen Haut mitgefasst wird. Das Weisse sonst mit einem Messer vorsichtig entfernen.

Die Schalenstücke übereinanderlegen und in feine dünne Streifen (Julienne) schneiden. Diese in kochendes Wasser geben, einmal aufkochen lassen, dann in Eiswasser abschrecken. Das Aufkochen und Abschrecken noch zweimal wiederholen (die Zesten werden dadurch schneller weich).

Dann die Zesten mit dem Orangensaft, dem Grand Marnier und dem Zucker in einen Topf geben und noch einmal aufkochen. Die Flüssigkeit auf etwa die Hälfte einkochen lassen. Die Zesten in der Flüssigkeit abkühlen lassen und in ein Einmachglas füllen. Die Orangenzesten halten sich so mehrere Wochen.

2 mittelgrosse unbehandelte Orangen
5 EL Orangensaft
3 EL Grand Marnier
2 EL Zucker

Zuckersirup

Das Wasser mit dem Zucker in einem grossen Topf aufkochen. Die Glukose beigeben und nochmals aufkochen. Den sich bildenden Schaum mit einem in kaltes Wasser getauchten Sieb abschöpfen. Den Zuckersirup in eine verschliessbare Flasche füllen.

Tip: Der Sirup kann mit Orangeschale, Zitroneschale oder Vanille parfümiert werden.

Für 600 ml Sirup

200 ml Wasser
400 g Zucker
50 g Glukose (zähflüssiger Stärkesirup, in der Konditorei erhältlich)

Zu den Massen

1 TL Öl = 2–3 g
1 TL Flüssigkeit (Wein, Wasser, Alkohol) = 3–4 g
1 gestrichener TL Zucker/Salz = 5 g
1 EL Öl = 6–7 g
1 EL Flüssigkeit (Wein, Wasser, Alkohol) = 10 g
1 getrichener EL Zucker/Salz = 15–17 g
1 gehäufter EL Zucker = 25–28 g
1 gestrichener EL Mehl = 7 g
1 gehäufter EL Mehl = 20 g

Rezeptverzeichnis

Kalte und warme Vorspeisen

Beuschel vom Reh 52
Carpaccio, Reh-Brotknödel- 28
Confit von Hirsch und Wildschwein 38
Exotischer Jägertraum 24
Gems-Salsiz, mariniert mit Bockbieressig 30
Hirschentrecôte, roh mariniert 22
Innereien, siehe Beuschel
Kartoffelknödel mit Wildfüllung 50
Kroketten, Wildhasen-, im Wantan-Teig 48
Pastete, Wild- 34
Raviolini, Wild- 44
Rehfilet im Reisteig 46
Rehzunge, gebeizt, Salat 40
Schwartenmagen, Wild- 42
Siedwurst, Wildschwein 54
Steinbockrücken, luftgetrocknet 32
Terrine
  Pfifferlings- 24
  Preiselbeer-Orangen- 36
  Wildfleisch- 37
Wildhasenrücken, gebraten, an Balsamicodressing 26
Wildleberaufstrich 38
Wildschwein-Ballotine 41

Suppen

Arme-Leute-Suppe, Puschlaver, mit Wildraviolini 60
Linsensuppe mit Wildklösschen 64
Polentasuppe mit gepökeltem Wildschwein 66
Pot-au-feu vom Wild mit Griessknödel 62
Sauerkrautsuppe mit geräucherter Hirschwurst 60
Wildcreme mit Hirn-Kräuter-Croûtons 58

Hauptgerichte

Fondue, Wildfleisch- 83
Gemsmedaillons mit Nusskruste 104
Gemspfeffer 80
Hasenpfeffer mit Schokoladensauce 86
Hirschbraten, gespickt, mit Sauerrahmsauce 106
Hirschentrecôte im Pilz-Kräuter-Mantel 108
Hirschentrecôte mit Markkruste 82
Hirschleber, paniert, mit Feigen an Portweinsauce 70
Mixed-Grill, Wild-, auf Rotweinrisotto mit Kastanien und Pilzen 75
Murmeltier-Schmortopf 90
Rehkeule in der Salzkruste 101
Rehleber, geschnetzelt, mit Apfel-Zwiebel-Confit 72
Rehnüsschen mit Berghonig gratiniert 98
Rehpfeffer 74
Rehpfeffer-Kartoffelkuchen 78
Rehrücken traditionell 93
Rehrücken, geschnetzelt, mit Wacholder-Preiselbeer-Sauce 96
Rippchen, marinierte gegrillte 92
Spiess vom Rehrücken mit Speck und Wiesenchampignons 92
Wildhasenkeule mit Kräuter-Brot-Füllung 110
Wildschweingulasch 88
Wildschweinschnitzel, gefüllte 100

Beilagen und Gemüse

Apfel-Kartoffel-Gratin 117
Bauernrotkraut 119
Bratkartoffelsalat 52
Brotauflauf mit Dörrzwetschgen 115
Brotknödel, Bergeller 114
Butterspätzli 114
Gerstensalat 26
Gersten-Sauerkraut 120
Griessplätzchen 118
Kartoffel-Kräuter-Roulade 117
Kartoffelgnocchi 115
Kartoffelkrapfen 116
Pizzokel 119
Polenta mit Rosinen 118
Polentasoufflé 118
Preiselbeer-Rotkraut 120
Schupfnudeln 116
Selleriesalat 22
Soja-Gemüse 42

Saucen und Eingemachtes

Bergthymiangelee 124
Birnen/Äpfel (Mini-), eingemacht 125
Bockbieressig 129

Cumberlandsauce 122
Essigfrüchte 129
Essigpilze 128
Essigzwetschgen 128
Feigensauce mit Portwein 122
Hagebuttensauce 123
Holundergelee 124
Ingwersauce 123
Kastanien, glasiert 125
Kumquats-Kompott 125
Lebkuchensauce 122
Preiselbeeren, kaltgerührte 123
Quittengelee 124
Relish (scharfe Würzsauce) 22
Süss-saure Sauce 44
Wildleberaufstrich 38
Zielwasser (Digestif) 130

Grundrezepte

Wildfond, braun 132
Wildfond, hell 132
Wildjus 133
Windconsommé 133

Desserts

Apfelkuchen (Gewürz-), karamelisiert 154
Beaujolais-Granité 144
Beeren, überbackene 156
Birnentarte, warm, mit Schokoladensorbet 136
Champagnersuppe mit Weintrauben
und Chibouste-Törtchen 148
Feigengratin mit Sauerrahmeis 138
Heidelbeer-Dessert mit Mandeleis 147
Maronencreme mit Whisky 142
Orangentorte mit Bitterschokolade 152
Pflaumenkuchen mit Butterstreusel 153
Quarkknödel mit Holunderkompott 140
Reineclauden-Torte 153
Schokolade
-soufflé 146
-parfait, weisses 146
-mousse 146
Schokoladentorte mit Wildpreiselbeeren
und Kirschwasser 150
Weichselsorbet 142

Teige, Cremen, Hilfsmittel

Blätterteig 158
Butterstreusel 162
Hefeteig 159
Hippenmasse 160
Konditorcreme 161
Mandelbiskuit 160
Meringue, Italienische 161
Mürbteig (Auslegeteig) 159
Mürbteig 1:2:3 158
Orangenzesten 162
Zuckersirup 162

Von links nach rechts: Werner Salzburger, Dominique Schürmann, Annatina Stuppan, Valentin Bargher, Wolfgang Ponier, Brigitte Jöhri, Thomas Haas, Roland Jöhri, Antonio Walther.

Der Autor dankt für die Mithilfe bei der Realisierung dieses Buches
ganz besonders:

seiner lieben Gattin Brigitte
seinem Küchenchef Wolfgang Ponier
seiner Chef de Service Maria Kopp
sowie der Sekretärin Irmgard Glawar-Barth

Aus der Küchenbrigade haben mitgewirkt:
Valentin Bargher, Souschef
Thomas Haas, Chef-Pâtissier
Annatina Stuppan

Unterstützt wurden wir von:
Jann Rageth, Comestibles
Ludwig Hatecke, Engadiner Fleischspezialitäten
Georg Rizzi, Steinplatten
Josef Schaniel, Wildhüter
Hartly Mathis, Gastronom und Jäger
Plinio Testa, Gastronom und Jäger
Antonio Walther, Gastronom und Jäger
André Delessert, Fotograf
Andrea Rutz, Fotograf

Bildnachweis

A. Mächler, St. Moritz: Seite 4, 10, 14, 26, 30, 42, 50, 64, 66, 75, 86, 90, 96, 100, 104
V. Schmidt, Filisur: Seite 2, 16, 93 sowie Schutzumschlag Rückseite
M. Merker, Samedan: Seite 36, 80, 83, 106
W. Fuchs, Ibach: Seite 46

Die Illustrationen stammen aus:
J. Rottenhöfer, Anweisung in der feinen Kochkunst,
München 1858.

Das Buch ist in limitierter und numerierter Auflage
auch erhältlich als ledergebundene Luxusausgabe
in Schmuckschuber. ISBN 3-85502-587-8.

AT Verlag, Aarau, Schweiz
Rezeptfotos: Lotti Bebie, Zürich
Gestaltung und Satz: Adrian Pabst
Lithos und Druck: Aargauer Zeitung AG, Aarau
Bindearbeiten: Buchbinderei Burkhardt AG, Mönchaltorf
Printed in Switzerland

ISBN 3-85502-542-8